她從遠方來

王曙芳

自序

他和她，一起走了一段路

兩個生命經歷、旅行軌跡、行走方式截然不同的人，要合出一本書，可行嗎？一開始我對於浩一的提議有這樣的疑惑。他的旅行是攻略縝密、目標清楚的行動，每到一處都羅織歷史與地理的經緯為背景，再安置風景。我的旅行則是沒有目標的流浪，過境異地，隨興隨遇，捕捉交會時的火花。

我的札記橫跨三十年的歲月，猶如我的生命行腳。從美國到英國，從摩洛哥到辛巴威，從校園到小酒館……。我在人間行走，像一只自行鬆開的螺絲釘，從體制脫落，看看會落在哪裡。

我喜歡單獨旅行。旅行中常被陌生人「撿回家」，聊天、家族聚餐，甚至盤桓幾日。我自忖被旅行之神眷顧著，這些不期而遇是我的驚喜與冒險。不論因公或因私的旅行，我很少閱讀旅行指南，甚至可以說是刻意「迴避」，對於前往的地方，想要保留一些神祕好奇。就好比認識一朵花之前，我想要單純欣賞它，感受它，不想知道它的用途或科屬，那是很後來才會發生的事。

我渴望在旅途中保有很大的即興空間，否則會窒息。

在旅行札記，我很少寫風景，偶而著墨，如一抹水彩不經意地掃過畫布，又如飛鳥，突然入鏡旋即飛走。我多描寫與我互動的人或境遇，留下印象的一瞬，觸動心弦的一刻。

很慶幸自己當年記錄了這些生命片刻，讓我還可以回首看一眼來時星軌。

或許那個地區、那個酒吧、那個小鎮的音樂節……，此刻已經消失。然而，從量子糾纏的原理來說，我和那些人、那些地方，在交會時分，已經滲透彼此。

我們讓世界縮小，也讓世界變大

我與浩一相識於二〇一九年，在大連的心理學研討會。之後，因為台南是我的故鄉，我們有了機會慢慢靠近彼此。

一開始，浩一帶我在台南走訪廟宇老街，做私人導覽。我常覺得我是他的採訪對象，他總不斷問我問題，而我傻傻地全盤托出。浩一是個厲害的採訪者，很會設陷阱題，果然是得過兩次金鐘獎的節目主持人，幾次下來，我覺得自己對他一無所知，而他已經摸透了我的戀愛史、家庭關係，以及我這個人。

後來我才知道，浩一表面上瀟灑，其實非常謹慎。採訪是他獲得安全感的方式，也是他決定進入關係前的準備功課，一如他的行前準備。

我們常說，我們是「愛在瘟疫蔓延時」，疫情導致兩人的工作全面停頓，於是有了談戀愛的餘裕。

記得在二〇二〇年初，浩一帶我造訪當時台南才興建的水交社文創園區，我們走在空曠的斜坡上，有一座突兀的房子矗立在那裡。那個房子被拆除到剩下半個廚房，留下殘破的窗和牆，以及一半的屋頂。

我說：「這房子只拆了一半，市政府錢花完了是吧？」

浩一沒好氣地說：「妳真的有唸大學嗎？這是裝置藝術。」

我笑到彎腰岔氣，那是我第一次覺得自己可能愛上這個魁梧的男人了。

別人的第一次約會多半是去優雅的咖啡廳談心，我們第一次約會是去吃阿文豬心。浩一點了菜單上幾乎所有的東西：麻油腰花、豬心、豬肝湯……。完全痛快，沒在怕膽固醇或油脂。那是我第一次見識到，吃飯可以這樣任性。他把所有他愛吃的一次全點給我，這是他炫耀台南的方式，也是他表達愛意的方式。

後來正式交往，浩一搬到都蘭和我一起生活，有了實地演練的機會。我們一起種下許多樹，他很認真地每天澆水、報告樹木的狀態，我家的苦楝樹林在浩一費心照料下，從此每個春天，滿院子紫霧瀰漫，暗香浮動。

浩一會想一些怪怪的方法解決生活的難題。有一次我抱怨他的車子有死蟾蜍的氣味（在鄉下這是稀鬆平常的事），隔天早上，我一坐進車裡，就聞到濃郁的咖啡香。他露出得意的笑容，原來他為了解決臭味，早早泡了一壺咖啡放在車裡，想掩飾蟾蜍臭氣，更奇怪的是，死蟾蜍加上咖啡，竟然聞起來像肉鬆。他的「芳香療法」還差一點。

雖然受到疫情影響不能出國，我們兩人依然造訪了許多台灣的角落。

世界縮小了，因為有浩一，哪裡都不算遠，我們常開車去採購食材，探訪新的樹林。世界也變大了，我們的生活版圖在這個島嶼擴展開來，他引領我探訪許多小鎮和在地老店。他開車，我負責音樂，在旅途中，浩一喜歡騰出一隻手握住我。在十指交扣的溫度中，傳遞他的深情浪漫。

然後，他去了我還到不了的地方

二〇二五年六月二十九日，浩一因心肌梗塞，登出地球。他跨入另一個維度，那是我還到不了的地方。

這一次的旅行，他單獨前往。鬆開了我的手。

真的如他書上所寫：「死亡通知書的日期自己填。」我知道那是他的靈魂填寫的日期。雖然我的意識不能理解，靈魂的神祕意圖。

從感官的現實層面，眼耳鼻舌身意，浩一似乎剎那「不存在」了。然而，在我心裡，浩一卻是無所不在，他在我的血液裡，在我的呼吸中。在每一個眼角餘光，我還能看見他在澆水、喚貓、遛狗、除草……。有時候，我以為，他只是出去買一瓶牛奶，等會兒就會回家煮拿鐵。

然而，夜幕低垂，他不再回家了。這時候傷悲與不捨便鋪天蓋地而來。我一點也不想節哀，我讓自己好好地悼念，感受哀傷。

浩一四十歲才開始寫書，就作家而言，起步算是挺晚。然而，看看《黑瓦與老樹》、《慢食府城》，這些他當初自己自費出版、寫作編輯和畫圖的書，在當年展現的前瞻性、完整性和驚人的魄力真是不可思議。他的願力帶動了台南的文創風潮，也賦予許多老店、廟宇，和老樹新的生命。

然而，浩一說，「是台南成就了我」。

浩一在短短二十九年，出版了三十本書。後面幾年，他的創作力如日中天，好像在趕進度，可以同時寫兩、三本書。他這一生完成了別人可能要好幾輩子才能成就的事。

最後一次，我們一起旅行，是今年（二〇二五年）六月去北海道，最後住在札幌三天。浩一很快便把札幌他想去造訪的地方，標示出來，自己畫了一張清楚的平面圖。

他腦子裡的空間整理術太厲害。和他出門，我只要跟隨就不會迷路。

如今，我的領路人告別了。我得自己重新摸索我在地球繼續前進的地圖。

我感激我們曾經擁有的這美好的五年。

雖然我貪心，想要更多。

在死亡面前，許多瑣碎被篩落，承諾都瓦解，不重要的東西都被捨下，唯有最最真實的能夠留下。我深信，浩一在身後留下了一些誠摯的、紮實的東西，譬如這本書，以及他的許多著作，這是他給世界豐厚的禮物，這是他和土地與人的真誠對話。

不知道，在跨過那生死之交的瞬間，浩一是否曾經腳步踟躕、有所眷戀，這一切，只有等我們再相聚時，才能問他。

目次

人間行者

I

像一隻貓躡足走過冬天

遲來的雪與灰色的等待

每天午後兩點一過，全世界鉛灰的雲塊就會從八方挪過來，層層疊聚在屋頂上空，這是倫敦。也不一定會下雨，多半時候，那些雲塊只是溫柔均勻地凝聚在一起，使世界看起來格外昏沉，使每個人呼吸的時候，胸口好似也壓著一角沉默的雲。

整個冬季廣闊的天空栽植的就是一點稀薄的陽光，以及一大群一大群游移的雲朵，偶爾拂袖而來一陣雨總被風刮成傾斜的水霧，漫過城市，彷彿我們日日穿過的不過是海市蜃樓，我們努力搏取的亦不過是鏡花水月。

於是，我們掙扎在一種渴睡的衰頹與焦灼的等待之間。等待春天回來，扯下這巨大灰色的布幕，撕裂這一片荒蕪的沼澤，把我們重新領回可以辨識的路徑，放牧在溫暖乾燥的空氣中。

但冬天寂寞的氣味有時仍十分誘人，寒冷把外界的所有聯繫凍結之後，留下赤裸而簡單的存在，好像雪地間的一個蹄痕，一個隱喻。我們終於可以遲緩地思考，像一隻貓那樣躡足走過冬天。

街口轉角的義大利小吃店鎮日煙霧蒸騰，玻璃上永遠凝結著一層水氣，一關門，冬天陰森的披風就被砰然甩在門外了。門裡的人，似乎因為意識到這是冬天而更加團結、熱絡，大家緊挨著喝滾燙的茶和咖啡，殺菌一般殺死滋長在體內的孤寂。

有個看起來早年曾是數學天才、後來被數學糟蹋了一輩子的瘦小男子，鎮日端一杯茶坐在店裡，時不時扶著眼鏡，數零錢。他的零錢似乎怎麼也數不完；數了，放回大衣口袋，不一會兒又拿出來，再數。數完後，抬頭大聲問對面的老人：「今天下雪嗎？」

「沒有啊！連個鬼影子也沒有。」這是他僅能得到的回答了。但他不甘心，他被心中強烈的預感驅使著。

「今天會下雪吧？」他一問再問，以為只要其中有個人願意證實這個假設，潔白的雪花就真會從指縫間飄下來。

我多希望自己能走上前去，允諾他一場雪。

然而，外頭儘管寒風刺骨，卻絲毫沒有下雪的跡象。在倫敦，一場雪有時候可以等上五、六年。不過，喬治不想等了，這個賽普勒斯來的老樂師，一心一意只想揹著他的布蘇其琴回老鄉去謀生，他想念地中海扎眼的陽光和女人。

倫敦相較之下太過蕭瑟荒涼了。你很容易就會跌入整個城市所預設的氣氛和節奏之中，開始換上那種若有所思的神情坐進地鐵，一邊打量別人，一邊納悶自己是否也洩露一樣多的倦怠。

暖冬裡爭豔的異國信物

但這時，如果你對面坐的是戴比，你乾澀的眼瞳準會被濺起的色塊打濕。戴比頭上紮著玻利維亞的手編羊毛小尖帽，五顏六色的帽喙軟軟斜斜地垂向頭的一邊，像是小丑遺失的一隻襪子。在冬天灰黑色系、上下班人潮的輸送帶上，她的小尖帽正如突然走岔的一個音，把整齊的步伐搗亂了。

戴比很為她的帽子得意，她覺得她因此成為可以被識別的「個體」——即使進辦公室之前她必須脫帽，因為這是她第一個「正當」的工作。

可是，週末才是她的生活重點。事實上，我第一回在北倫敦肯頓小鎮（Camden Town）遇見她時，她正試圖向我兜售一頂瓜地馬拉的帽子，脚上趿著荷蘭老家帶來的木鞋，咯嘰咯嘰來回在自己的攤位前踱步。緊鄰著她的攤子是個賣銀飾的藝術家，他粗大的手正握著工具在絞扭一個針眼般的環扣，你若是讚賞他的靈巧，他會聳聳肩，不經意地提醒你：「喏，我是個設計家，這些都是我親手做的。」

肯頓小鎮像是倫敦冬天噙著一口夏天的呼吸；從北風發紫的唇隙，吐納著印度的焚香和南美洲的織錦……。這些事物神祕地攪動了我對熱帶的殘憶與渴望。

即使在最酷劣的氣候，許多手工藝者仍然在此展開節慶般的聚集。我見過賣鑲嵌鏡子，賣古怪、瘦稜稜的銅鐘，賣橡皮雕刻的圖章（刻貓、恐龍、鴨子），還賣手染棉褲、手織睡帽……。有些東西看來稚拙土氣，但他們都神氣地昂著下巴說：「自己做的。」彷彿他們賣的不只是用品的功能，而且是經手錘打的信物。於是，連那些人為的瑕疵似乎也因閃耀著指紋而成為一種美德。

我愈來愈喜歡肯頓小鎮，就像我愈來愈習慣在聽完音樂會之後和朋友擠進小酒吧，喝半品脫的苦啤酒。

等我們手持幾乎溢滿的酒杯，艱難地繞過亢奮的人群，找到一個立足之地，伊凡就會從他破舊的暗紅背包裡拿出一包餅乾分給大家。

我們將在咆哮的音樂和嗆人的菸味間，用力撞杯，祝賀這漫長冬日裡溫暖的一刻。仰頸，把壓在胸口的那一塊烏雲和著苦辣的啤酒一起嚥下。

到威爾斯買頭羊

從倫敦搭火車到威爾斯西部的卡馬森（Carmarthen），一路上昏沉乏力，昨晚宴會上殘餘的酒精還在我的小腦袋瓜裡劈里趴啦放煙火。我早知道會有這種下場，卻仍無法阻擋我的義大利同學訓練有素的斟酒速度，他在一家義大利餐廳當侍者，打從我企圖道別，走到門口，他起碼又替我倒滿兩杯紅酒。

火車一離開英格蘭，草原就開始傾斜，而且，愈往威爾斯內陸去，坡度變化愈明顯。然後，山巒出現了，彷彿大地起伏有致的呼吸，有時還可以從凹陷山谷間瞥見一角海洋。

英國靜謐的後院

拖著行囊走出卡馬森，等著來接我的威爾斯朋友班，這才發現原來這個連接威爾斯中部與南部最重要的城市交通設施竟如此簡陋。放眼望去看不見一輛計程車，而通往其他城鎮的巴士班次更是少得可憐。威爾斯好像是被英國政府蓄意遺忘的後院，曾一度因為豐富的黏板岩礦藏（常被用於屋瓦及牆壁）被盡情開發剝削，如今卻也隨著礦業的沒落而迅速蕭條。地方交通建設的落後，使得威爾斯的觀光事業遲遲不能開展。

不過，我很快便發現這種「落後」相對帶來的好處。威爾斯的寧靜，是完全坦白、毫不費解的，一切在這裡，好像被慢速放映的一部電影，你走路的步伐及呼吸也相對和緩，以免自己成為干擾畫面的一個嘈雜的焦點。

倫敦熙來攘往的觀光客以及為此目的而出現的紀念品店、餐飲店，到這裡幾乎銷聲匿跡。我居住的 B&B，在 Newcastle Emlyn 邊緣的坡上，整個星期只有我一個房客。房間寬敞、乾淨明亮，有簡單的梳洗檯和一部黑白電視；床鋪式樣老舊，說不定還是主人的結婚嫁妝，一躺下，立刻吱呀地叫起來，一翻身更像是天搖地動。不過，房間有兩面落地窗，可以俯看小鎮，天氣好時，還可以看見遠方的山陵。

才把行李拖上樓，我便又匆匆轉身跳上班的紅色小福斯（Volkswagen）。班一面談笑風生，一面在曲折的鄉道上把時速飆到八十公里，我力持禮貌的微笑漸漸僵硬，胸口不住作嘔，頭暈得像被絞扭多次的麻花。好不容易到了巨石古堡，下車喘氣，看見班的愛爾蘭妻子寶齡鐵青著臉爬出來，原來暈車的不只我一人。

這座十三世紀的古堡就像眾多散落在威爾斯各處的古堡，是愛德華一世展示武功的象徵，是英格蘭入侵威爾斯留下的血腥殖民遺跡。當然，也早就在十四世紀時，威爾斯民族英雄歐文・格林杜爾（Owen Glendower）所率領的反抗革命中被毀壞殆盡，倖存的斷垣殘石則逐年被附近居民搬去蓋房子。天高皇帝遠，英皇即便加封其長嗣為威爾斯王子，終究不能使威爾斯人民心悅誠服。我們順著石階往下走，發現城堡通往河邊的密道被掘得很深，基梁鞏固，當年固守在此的英國駐軍想必是由此落荒而逃的。

請說方言

居住的客棧有一個很美的名字叫「山屋」，客棧主人是一對英格蘭夫婦，理查與伊莉沙白。英國人的名字多半無趣，聽過立刻就忘記，名字總不外乎是聖經裡翻查出來的，不是約翰，就是瑪莉。相較之下，威爾斯語文[1]的命名經常充滿想像；班的哥哥有兩個小孩，女孩是「雲雀」，男孩是「詩人歐湘」[2]。我第一次看到他們時，兩兄妹都赤著腳，

1 為凱爾特（Celtic）古語系的一支。

2 歐湘（Ocian）為傳說中的愛爾蘭詩人。

揉著眼睛，準備上床睡覺，那時不過晚上八點，但他們清晨六點就要起床玩耍、餵貓了，作息時間跟農夫一樣。

威爾斯雖然行政不若蘇格蘭獨立，也仍通行英國貨幣（蘇格蘭有自己的貨幣），但在語言、文化及音樂上所展現頑強不屈的民族性，恐怕更甚於蘇格蘭。一到威爾斯，驟然發現，好像到了另一個國家。超市、路標、菜單，全部實施雙語制。英語在此成為學校裡的「第二語言」；從中學到大學，全部以威爾斯語教學。

威爾斯有自己的廣播及電視頻道，也有自己的報紙和雜誌，許多知名的威爾斯作家更是矢志以母語創作，作品日後再輾轉被譯成英文。絲毫不同於其他諸多瀕臨滅絕，或名存實亡的古老語言文字，威爾斯的語言因為仍被持續使用於日常生活和詩歌創作，而踏實，而鮮活。

如果你以為僅憑英語，起碼總能猜懂身旁兩個威爾斯人在談些什麼，那你得準備征服你的挫折感，是的，沒有一個單字可以提供你一點點線索。基本上，凱爾特語和英語是截然不同的語系，雖然並存於這個島嶼，但向來各說各話。倒是愛爾蘭、蘇格蘭，以及法國北部的布列塔尼（Bretagne）則被威爾斯視為兄弟之邦，因為同屬凱爾特語系，基本文法與字根雷同。

語言的確決定了許多事，而且大部分是最重要的事。為了抗衡強勢的英語文化，威爾斯近幾年來極力擴展以凱爾特語系為主的各項文化活動，而且，這些活動幾乎都帶著「排外聯內」的情結；「排外」當然主要是「排英」，「聯內」則是強化所有凱爾特語族的團結。彷彿幾世紀以來，遭受盎格魯－撒克遜人（Anglo-Saxons）的壓迫蹂躪，會從此得到短暫的平反。

努力一段時間之後，班終於放棄教我威爾斯話的念頭，光是地圖上那些城鎮的發音已經叫我的舌頭不知所措，不信你自己試試看：「ABERGWAUN」、「LLANGRANNOG」。我決定繼續微笑，使用英語，生命已經很複雜了。

嗨！我要這頭羊！

每天清晨不論起得多早，總見羊群已經靜靜站著，埋頭吃草。傍晚不論玩到多晚回來，經過草原，牠們也還是低頭嚼著，雨天或晴天似乎都不影響牠們的食慾。有時候我不免懷疑，這些羊隻和牛群，每天要花多少時間吃草呢？是不是天一濛濛亮就開始吃，一直吃到太陽完全隱沒，天色炭黑？

「才不呢！」班說，「如果妳半夜不睡覺，偷偷爬起來看，牠們肯定仍不停蠕動著嘴。反正草就長在腳下，不需太費力氣，也不太需要辨識照明，只要具備基本的嗅覺，不至於啃上別人的腳趾即可。」

看來班的理論是成立的。羊群通常並不會因為天黑就被趕回羊圈，牠們就這樣被放牧在油綠的草皮上，或白或黑或花，或坐或立或臥，好像裝飾大地的靜物，連影子都像是被小心黏上去的。黏上之後，大家就不太移動，至少從車裡看去是如此。連綿的山坡被矮小的灌木樹叢圈成一塊塊的牧地，遠遠望去分布層次不同的綠，是散落的羊隻使得那大片的藍綠、豔綠、蘋果綠有了焦點，而生氣飽滿。

羊的貪食使牠們長得很快，小綿羊一旦四個月大，就具有市場價值了。

我們開車趕到馬漢萊斯（Machynlleth）鎮上去看拍賣羊隻的市集，一路上大塞車。不要驚訝，在威爾斯塞車機率不一定小於倫敦，因為貫穿南北的公路僅此一條，不巧碰上一兩部傻頭笨腦的大卡車或鐵牛車，整條路立刻癱瘓，車子只能以時速二十公里推進，到了目的地可能是一百年以後。偏偏路面通常狹隘，超車需要勇氣之外，還要賭一口氣，有些卡車壞透了，執意要霸占路中間，誰也不讓過。

好不容易抵達馬漢萊斯鎮已經十二點，一看市集空空，我心想完了，拍賣已經結束。問兩個靠著圍欄聊天的農夫，他們說，還早呢，一點鐘再來吧！語畢，投給我奇怪的一瞥。

一點鐘，市集裡果然鬧哄哄，每個羊圈裡都擠滿了羊，地上滿布羊屎，濕答答的。我終於知道為什麼這些人都穿著長筒膠鞋了。我的靴底很快就沾滿羊屎，整整一天，班的車裡都瀰漫這種美好的味道。

基本上，整個拍賣過程是這樣的：農夫要先將卡車裡的羊趕進羊廄，過磅秤，每頭羊的體重記錄後加起來，成為這個農夫欲出售的羊群總重量，這群羊當然也就被關進同一個羊圈。如此這般，記錄過所有農夫攜來的羊群總重量之後，主持拍賣的人就會拿著拍板，站上搭建在羊圈周遭的鐵架棧道上，循序拍賣每一個羊圈，有意購買的中盤商會舉手做各種暗號出價，中者得標。

拍賣還未開始，中盤商早就在巡視所有的羊圈，伸手檢查小羊的牙齒，捏捏牠們的身子，我猜是想挑骨骼小而肉多結實的。這情形使我想起以前的人挑奴隸的樣子。小羊的牙齒通常還是乳牙，要一直長到一歲大才會開始換牙，每年換兩顆，比人慢得多。

進拍賣場前，寶齡便警告我，不要隨便舉手揉眼睛或摸鼻子，搞不好會意外得標，買回一群羊。果然，拍賣一開始，那群中盤商就開始舉手比指，手勢變幻迅速，顯然隱藏著眾多玄機，在我看來卻像是在打語謎。披著白袍的主持人，高瘦、蓄小鬍子，長得極像英國的喜劇泰斗約翰・克里斯（John Cleese），滔滔不絕的報價像一條河流在歌唱。無可挑剔的節奏感，加上音節中的抑揚頓挫，整個拍賣過程流暢著音樂性，就算蘇富比拍賣都不會這麼「好聽」吧！

隔了兩天，我又在居住的 Newcastle Emlyn 看到另一次拍賣，一樣令我嘆為觀止。這次主持的是個打著領帶、踢著雕花皮靴的年輕人，一邊唱價，一邊打響板，簡直和唱戲沒兩樣。

旁邊圍觀的群眾攜老扶幼，趴在圍欄上，聚精會神地看他表演。威爾斯的藍調說不定是從牲畜拍賣場衍生出來的。

看過兩次拍賣之後，我大概學會了怎麼在街上辨認威爾斯的農人。他們多半時候穿著小背心，戴著一式一樣的毛呢格紋福爾摩斯扁帽，雙頰圓鼓紅潤，褲管塞進膠鞋裡。稍微上了年紀的，會挺出啤酒肚。

拍賣場每個羊圈的羊，身上都被做了不同顏色的戳記；仔細看，有些羊甚至連耳朵也被剪出奇怪的形狀。一個農人告訴我，羊一旦被上了戳記就表示牠已經夠大，可以進拍賣場。而耳朵上不規則的鋸齒圖案，是為預防羊隻失蹤或誤入鄰居的牧地可能引起的辨識糾紛。身上被做了記號的羊，並不知道自己不久就要進屠宰場。牠們照樣站在草原上，專心致志地啃食青草，消磨掉牠們短暫的四個月生命。一頭小羊平均可值三十六英磅，我幾乎想掏錢買下一頭我最愛的「黑面羊」（Black Face sheep）。牠的黑臉和白身使牠在羊群中分外醒目，尤其是那張臉，怎麼說呢，看起來獨特而善感，好像隨時就要開口跟你說話。

晚上，打電話回倫敦給我的芬蘭朋友瑞斯多，告訴他，因爲不小心在拍賣時搔了一下頭髮，我不得已買了一頭羊，準備給他當禮物。他在電話那頭沉默了十秒鐘後，問我：「牠是公的還是母的？該被養在哪裡？」聲音中透著難以抑制的恐慌。

我更高興了，繼續編故事：「牠是母的，不過如果你喜歡公的，我可以拿去換。你把牠養在你家後院，以後就不用除草了。」

他還是有點懷疑：「妳不是住旅館嗎？那妳現在把牠放在哪兒？」

「喔，我把牠漆成橘色，暫時放牧在旅館對面的草坡上，一眼就可以認出來的，很可愛、健康的一隻黑面羊。」我說著，感覺漸漸露出破綻。

像這種合理卻荒誕的故事，嚇唬天眞的芬蘭人最好不過了。

黃昏・風箏・果凍魚

黃昏時，沿著西海岸開車，世界宛如被精心裁切後又蓄意隱藏鑲邊的巨幅風景畫；一邊是清翠平滑的山坡，另一邊是無際的藍海，上方則是一日數變、陰晴不定的天空。海洋的水霧和天空的灰藍親密地擴散在一起。天氣漸漸轉晴，風也開始颳起來，一掃這些日子以來的鬱悶。經過小鎮Borth，看見那一大片潔白柔軟的沙灘，班和寶齡忍不住煞車，下去放風箏。

沙灘上到處是透明的果凍魚（Jellyfish，俗稱「水母」），果凍魚長得其實比較接近果凍，一點也不像魚。牠們既沒有魚鱗、魚鰭、魚尾，也沒有眼睛。牠們攤在沙灘上，大小不等，大的像一個飛盤，小的僅占半個手掌；呈透明的膠狀身體，中央有一個紫色的菱形器官，我想是呼吸系統。拿樹幹戳戳那紫色的口器，牠還會「痛苦」地扭動（我純是以人類的揣測這麼說，因爲無法定義牠的表情）。

這些被海浪打上岸的果凍魚，多半不會存活很久，陽光很快就會把牠們的水分蒸乾。當然如果還遇上一群人硬要在牠們身邊放風箏，那更是凶多吉少，等不到下一次漲潮來把牠們帶回海洋。

雖然盡可能小心，但我們還是踩過許多果凍魚，那時，皮鞋會微微黏一下滑開，像是沾上果醬那樣，有點噁心。我很慶幸還沒有餐廳決定拿果凍魚當甜點。死去的果凍魚身子會漸漸變濁、發皺，不再透明。紫色部分也愈來愈淡，直到完全沒入沙灘而消逝。

試了至少二十多次，班終於讓風箏飛起來了。那一刻短暫的翱翔讓大家快樂地尖叫，彷彿我們也跟著飛了起來。風箏在翻騰的海洋上空轉了兩圈後，安靜停了一會兒，突然就筆直栽下。

酒吧裡的民眾音樂

班的朋友大衛久病出院，被醫生勒令不許喝酒。但是，他一路在車上為血管裡爬行的酒蟲讀著《優質酒吧指南》（*Good Pub Guide*），建議我們下一站該去哪裡歇腳。進了酒吧，他卻只能點萊姆蘇打（是一種黃綠色的液體，看起來可疑，嚐起來像汽水，只是不甜）。

每每為了在途中喝一杯，我們就順便在酒吧裡用餐。英國的酒吧食物是出了名地難吃，不過這也沒什麼好意外的，因為英國菜本來就已經不出色，經酒吧（我懷疑這些地方小酒吧有專業廚師）隨便一折騰更是失色。像這一家位於海邊，名叫「船」的酒吧，高朋滿座，但炸魚油膩不鮮，薯條疲軟不脆，旁邊附上的生菜沙拉正開始泛黃，英國人對食物真是將就得很。

不過，酒吧如果有好音樂，那就完全不同了。威爾斯人熱愛音樂，夜裡，酒吧裡演奏音樂的比例相當高，樂手多半就是當地居民。有一次在亞伯立斯威（Aberystwyth）大學城的一間酒吧「木桶師父的家徽」（The Coopers Arms），聽一組四人樂團，音樂活潑亮麗，把凱爾特民謠那種加速的流暢表現得亢奮淋漓。定睛一看，彈奏手風琴的女人腳上還趿著拖鞋，感覺好像才到隔壁市場去買菜，經過這裡，就順道進來玩兩曲。民俗音樂最怕被正經八百地「保存」，像這樣出現在夜晚的小酒吧，有點土、有點俗，即興而盡興最好。

又一個下午，停靠在亞伯立斯威的海邊喝咖啡。一組四人樂團這時走向一個拉上藍色鐵門的海邊小店前，拿出樂器，開始演奏，小店正上方的白底紅字店招牌寫著「BANDSTAND」。他們顯然涉獵的音樂廣泛，德國民謠、通俗小調、爵士、探戈，樣樣玩一點。那一個鐘頭，我們意外享受了人生最妙不可言的安排。天空藍得像一潭湖水，陽光把岸邊一排白房子曬得更白，海潮輕輕拍打岸邊的礁岩。然後是音樂，吉他手、風琴、薩克斯風、手鼓，所有的聲波和著風聲潮汐，在空中翩然輕舞。在旅行中，能遇見一個精采的街頭樂團就好比中彩券。

一個小女孩坐在皮球上，把母親給她的五十披索放在屁股下，音樂結束後，她猶豫一下，很羞澀地跑過去，丟下銅板，又跑開。

我上前去向樂團致意，才知道他們是遠自德國北邊菲士蘭（Friesland）的街頭藝人，成員有農夫、學生、中學音樂教師與吉他老師。他們每年都趁著暑假，相偕出來旅行，沿途演奏音樂，賺點酒錢。荒瘠的菲士蘭也像威爾斯一樣，居民至今仍使用自己的古老語言（據說是盎格魯－薩克遜古語的一支）。

留著金色捲髮的農夫告訴我，他有一小塊地，還有三頭羊，平日種種菜，妻子每天都做羊乳酪。我想像他每天一大早起來數他的三頭羊的模樣。

蒸汽小火車與女司機

等了又等，等不到一個明確的晴天，我們決定不再等了，驅車北上史諾多尼亞（Snowdonia）國家自然公園山區去搭乘蒸汽小火車。

威爾斯這幾天濕透了，農人想必心情都壞透了。這樣的天氣繼續下去，儲備過冬的乾草勢必要開始發霉。

黑色車頭、紅色車身的蒸汽火車外型十分可愛，就像每個人小時候都曾擁有過的那種玩具火車。汽笛的鳴叫沙啞且神祕，連奮力滑行的引擎所發出規律的搏動，都令人興奮。可惜雲層很低，能見度不好，無法看見遼闊的國家公園另一頭的景色。

負責開火車的是兩名年輕女子，這倒少見。兩個人都穿著寬鬆的黑色吊帶褲，把頭髮小心地攏進黑色扁帽裡頭，看起來帥透了。每每要調換車頭，就見她們拿著巨型鉗子跑出來，又一會兒，爬上火車頭去檢查燃料，釋放廢水。

開蒸汽小火車應該比開倫敦地鐵好玩吧？每天就在風景如畫的國家公園駛過來駛過去，拉聲音好聽的汽笛，還可以穿那麼神氣的制服。倫敦地鐵的工作服實在難看，在地下道鑽進鑽出也不太愉悅，難怪大家要罷工。

吉兒的農場

到附近一座培育稀有家畜的農場去參觀。一下車，四、五隻黑白花紋的牧羊犬立刻飛奔過來，偵伺我們。

農場主人叫吉兒，嗓門粗大，笑容燦爛，一張臉經風霜鑿刻得線條分明，看一眼就忘不了。她給飼養的每隻動物都取了名字，數一數，光是山羊就有十幾隻，真不知道她怎麼記得住。

遠遠見她提著桶子走進草坡，山羊們竟然就像狗那樣，飛奔過來圍著她咩咩叫，叫聲親暱撒嬌。我們看了嘖嘖稱奇。這裡的山羊都不怕生，有一隻羊顯然對寶齡極有好感，竟蹭上去啃她的背袋。連我的手也被山羊堅韌有力的嘴嚼了幾下，把手伸進磨石機大概就像這樣吧？黏糊黏糊、沙沙刺刺地磨搓著。

這裡的豬、羊、雞、驢子，都和平常農場裡慣見的品種很不一樣。由於沒什麼經濟價值，所以也就漸漸遭淘汰遺棄。於是，吉兒憑一己之力收養牠們，好讓牠們能夠繼續繁衍。一隻剛出生一星期的小毛豬，被吉兒一把抓起來，在掌上搔癢，我想我沒看錯吧？那小豬仔竟然咯吱咯吱地笑起來，神情滿足。三隻長鬍子的比利山羊好奇地把頭伸過圍欄上瞧著，生怕錯過什麼有趣的事。

吉兒還養了一頭紅狐狸，好玩得要命。吉兒一拿出大紙袋，牠就鑽進去玩躲貓貓。但狐狸平時被隔絕在一個大鐵欄裡，因為牠一出來就會獵食吉兒養的雞鴨。

農場維持了十七年，好幾次瀕臨經濟危機，吉兒的丈夫也棄她而回紐西蘭。但吉兒咬牙硬撐過來，請不起幫手，她於是從早忙到晚，男人的粗活，她照樣幹。她雙目炯炯，談著往事，卻絲毫沒有乞憐的意思。夾著菸的手，顯然因為工作過度而粗糙龜裂，說到傷心處，也不過眼眸一閃，把菸蒂一彈。好個倔強的女人！

被酒精醃過的音樂節

週末，雨終於停了。運氣真好。這下子 Cnapan 音樂節總算可以有乾燥的露營地。

Cnapan 是威爾斯年度最重要的民歌音樂節，在威爾斯文化中，它原本是指一種盛行於舊日的球賽運動，以此命名的節慶，是取其「全民皆歡」的意思吧！除了威爾斯的樂團外，音樂節還邀請從蘇格蘭、愛爾蘭等同屬凱爾特語系的樂團來演出，其主要目的是鼓勵以母語（凱爾特語）創作的民謠音樂，所以，謝絕所有的英文歌曲。

這是威爾斯人關起門來辦的自家活動，活動消息也只對威爾斯社區圈內流通，可光是這樣，每年從英國各地開車來參加的威爾斯人就有六千多人。

十二年前，剛剛發起的 Cnapan 是在一個羊毛紡紗坊裡，觀眾只有三百人次。如今，活動規模愈來愈壯觀，募款所得的三萬英鎊使籌委會在今年買下一塊三十英畝的坡地，成為音樂節的永久居所。

可是，Cnapan 為什麼要選在其貌不揚的 Ffostrasol 舉行呢？這就令人百思不解。威爾斯多得是更繁榮富庶的城鎮，而 Ffostrasol 總共就一條街道、一間酒吧、一間雜貨店，和三個警察，是開車一眨眼就會錯過的那種小鎮。

或許是因為這裡地租便宜，也或許是因為 Ffostrasol 正巧就攔腰站在威爾斯南北通衢的中央。總之，威爾斯人往往會開車四、五個鐘頭，在週末趕到 Cnapan，和極可能一年見一面的老友，用威爾斯話盡情敘舊，喝得酩酊大醉，星期天再開車回家。

音樂只是藉口。可以放肆喝醉、約會、舞蹈的好藉口。

班的威爾斯樂團「TANDDAEAR」（地下的；英文「Underground」之意）也從倫敦趕來，在搭蓋的帳篷四周插上寫著團名的小旗子，想趁著音樂節打知名度。所以，雖然沒有應邀上台表演，他們也已自備麥克風和喇叭，準備在台下唱歌。

表演場地其實是兩個巨大的帳篷，像馬戲團的帳篷那般大，搭建在田野之間，四周是精緻秀麗的田園風光。較大的帳篷通常是主要樂團表演，較小的帳篷則賣酒，同時另有一小舞台，供小樂團演出。

大帳篷常常很空疏，小帳篷卻總是水泄不通，要過去買一品脫啤酒得要擠上二十分鐘，才能從入口移到吧台，接著，要花另外二十分鐘，絕望地揮動你的手臂（手上的紙鈔要捏緊），企圖吸引酒保在一群醉鬼之間發現你。

這次從愛爾蘭來的「凱京（Cajun）樂團」很有意思，其中一個大鬍子樂手拿著兩把湯匙，在一個金屬製的洗衣板上刮擦敲打，成為絕妙的打擊樂。沒想到，愛爾蘭民謠和路易斯安那來的凱京音樂一結合，竟順理成章地保留了這兩種音樂共同的快感。觀眾都跳上看台，開始扭擺跳舞。

另一個據說是這次高金聘來的愛爾蘭風笛手戴維・史派蘭（Davy Spillane），演出前果然擺出「明星」姿態，至少有十來位工作人員為他倒水、拿毛巾，奔上奔下地伺候他。他臉上則一直掛著那種自以為是美男子的驕矜，節目單上他的照片的確俊美，但我估計那至少是他二十年前的沙龍照。現在的他已經開始禿頭，而且，每講一次話，就賣一次他的新 CD，打歌打得一塌胡塗。我一點也不喜歡他的音樂，那音樂極冷，技巧雖好，可是無人味。

還有「怪老子」邁克・史蒂芬斯（Meic Stephens），是在威爾斯十分受歡迎的詩人民歌手；其實，他的造型倒比較接近美國西部的鄉村歌手。他每唱完一曲就要花十五分鐘調一次吉他，班說他罹患嚴重的「調音癖」，應該去看心理醫生，耳朵聽每個音都不順耳。最後還在台上和貝斯手鬧翻，因為他老擅自更動原先排練好的曲目，讓其他配合的人措手不及。那位貝斯手被氣走之後，史蒂芬斯牽著他的狗上台了，那一刻眾人都很興奮，以為他的狗就要開始歌唱……結果牠只是不斷狂吠，也許是忘詞了。

我在史蒂芬斯第五次調音時走出帳篷，深夜十一點半，人影幢幢，在大霧中晃動，燈光微弱淒黃。在電影裡，這種場面通常預示有重大事件就要發生。是什麼呢？我和朋友安靜地走向停車場。

一路上，車子好像行駛在廢棄的島嶼一般，什麼也看不見，只有牛奶一樣白的濃霧。

看不見的國家

一株瘦長的玫瑰

伊凡拎著一株瘦長的玫瑰站在人群中，基輔機場比想像中小得多，我一眼便瞧見他。從機場到市區開車要二十分鐘，沿路兩旁的相思樹林間，到處棲著烏鴉。

烏克蘭的烏鴉就如同希臘的鴿子，占據著人們的屋簷、廣場和公園。聽說，行經烏鴉歇脚的樹下要小心，牠們喜歡惡作劇地瞄準行人拉屎，一旦確中目的物，可會志得意滿，撲翅、聒聒叫上半天。

早上離開倫敦時地上仍結著霜，這兒卻陽光刷亮。雪呢？二月裡應該有的飄雪不會也像能源一樣，被莫斯科壟斷了吧？伊凡笑著說，打從車諾比事件之後，基輔就再少下雪了。核爆改變了整個烏克蘭的氣候，大雪及肩的冬天成為夢中才能溫習的鄉愁。為了證明烏克蘭曾經是另一番景象，他翻出小時候的照片，指給我看，當真是白茫茫、覆天蓋地的冰雪，孩童們在新鏟出來的雪道間追逐玩鬧。

每年都要堆雪人的小孩們在車諾比事件後的許多個冬天，大概都會對著枯黃的陽光發愣吧？

我問伊凡核爆的時候他在哪兒？他說，正在操場上跟同學踢足球。踢著踢著，只見偌大的天空瞬間被紅彤彤的煙雲整個吞噬。

孩子們也不知厲害，還好奇地站在操場上注視這個只有在電影上才看過的壯麗場面。一直到下午，老師讓他們提前放學回家，大家都還蠻興奮的。接下來幾天，基輔市容空前未有的乾淨，因為天天有許多水車出來沖刷馬路和行道樹，想減弱核爆落塵的殺傷力。

蘇聯政權當年的顢頇、草菅人命，使得車諾比的悲劇更加難以收拾。如今，烏克蘭人上上下下、不分年齡，已經發現無數起因暴露於過多核能輻射而引起的併發症；有的立即致命，有的演變成慢性疾病，常年折磨人。而這些病歷統計數字卻一直是政府的機密檔案，不曾被公開；我想，就算公告了，那數字也是被竄改過的。李鵬在六四之後不是就睜著眼說鎮暴事件沒有傷亡嗎？

他的父親安得烈曾是車諾比的核電總工程師，距離事件發生雖然已有許多年，安得烈仍和一群同僚日日絞盡腦汁在研究如何覆蔽車諾比的核爆。民生凋敝的烏克蘭，卻擁有全球最先進的核電安全科技，但是所付出的慘痛代價真令人欲哭無淚。

你喜歡哪一頭牛

基輔是個漂亮的城市，樹林密布、道路寬敞，傍著河，鳥多車少，市民多半以電車或地鐵代步。偶爾從一些倖存的歷史老建築還可以揣想基輔大公國的風采。真的，如果略去兩次戰後大量濫造、極為醜陋突兀的國民住宅不看，基輔確實可以是個秀麗的古城。烏克蘭獨立之後，物資短缺，基輔市內的舶來品商店以驚人的速度，在每個街角如冒汗般不停冒出來，十之八九賣食物和日用品，其中又以德國貨占有率最高，但我覺得最新鮮好玩的地方，還是他們的傳統市場。

進市場絕不能空著手，要自己備好牛奶罐和塑膠袋，因為所有的容器都很貴。我終於明白伊凡的媽媽海蓮娜為什麼要把用過的塑膠袋一個個仔細洗過、晾乾再用。伊凡囑我抓緊錢包，不要跟丟了。今天的菜單是燻肉、牛奶和雞蛋。

在這兒，買菜是一門學問。就說買牛奶吧，伊凡教我要先挑一個看起來順眼的酪農，再嚐嚐他的牛奶。根據一個很簡單的邏輯：一個不和善的人，總是不會善待他的牛，而不被善待的牛，自然產不出好品質的牛奶。

於是，我們就這麼邊挑人邊試嚐牛奶，我簡直樂壞了，你能想像在超市裡，把所有不同廠牌的牛奶打開來先嚐一口嗎？何況，這些牛奶都是早上剛擠出來的，不曾高溫殺菌，喝得我齒頰留香。伊凡問我喜歡哪一頭牛的牛奶，我哪顧得了那麼多？但他的舌尖比美食家還靈，才一舔就知道「那頭牛不健康」或「這牛奶摻過水」！

後來，我們又如法炮製地買了燻肉和蜂蜜。雞蛋顯然無法打開來瞧，就挑一個一直對著我們羞怯微笑的農夫，只因為他乍看比左邊那個肥碩精明的農婦沒有攻擊性，我猜他的雞會快樂一些。

由於產銷管道全面崩潰，所有的生產者不得不自謀生路，基輔街頭放眼望去盡是個體戶，每個人賣的東西都不多，往往一個花布包攤在牆角，賣的不過也就是幾棵蒜、兩把蔥、一塊豬肉（可能是自家或鄰居種養的），東西賣完就捲舖蓋回村，價格當然也就隨他高興。統一定價？怎麼可能呢！這裡是「自由經濟市場」啊！

誰知，烏克蘭剛發行紙幣的頭一年，因為通貨膨漲的速度太快（如今是十萬元烏幣兌一馬克，意即十六元台幣），加上紙張短缺、銀行鈔票趕印不及，許多工廠發不出薪資，只好以產品代替鈔票發給員工。譬如在奶油工廠的工人，拿到的月薪就可能是十加侖奶油，他能拿這些奶油怎麼辦？只好提到市場去賣，或者，起碼尋求以物易物的機會。（天啊！那些在鞋廠或藥廠工作的人怎麼辦？）

排排站著喝茶的下午

亞力克斯每隔兩天來一趟，敦促伊凡整理詩稿。

一家出版社正計劃出版烏克蘭青年詩人系列，他是顧問，看伊凡懶散，他比伊凡還急。像這麼熱情的朋友並不多，我喜歡他的坦率與樸素。事實上，亞力克斯自己是個優秀的詩人，以寫作為志業。

在目前的時局，堅持以烏克蘭語從事文學創作也可以養活自己嗎？我腦子裡立刻浮現那些充斥著俄語出版品，以及企管書籍的國營書店。當然不行，伊凡說。所以，亞力克斯以咖啡度日，凹陷的雙頰上覆著一頭亂髮，亂髮間射出兩道炯然目光，腳上一雙 Reebok 球鞋已磨穿出腳趾。但是，詩仍是照寫，偶爾寫的小說被雜誌刊出，就去打牙祭。

我們一起散步到市中心去喝茶，茶館就叫「茶館」（Tea House），名字通俗，樣子隨便，可絲毫不影響它的生意興旺。茶館裡賣各種烏克蘭人喜歡的糕點麵包，從鹹的包心菜麵餅到甜死人的巧克力蛋糕樣樣有。不過，對不起，飲料僅有一種，就是加了糖、煮好的大鍋茶。

茶太甜了，我問，可不可以要不加糖的茶？服務生頓時垮下臉，「沒有！」那麼，加點牛奶行嗎？她更沒好氣了，「不行！」她轉過身，懶得再搭理我們，是那種共產社會國營店裡特別訓練出來的神氣。

茶端出來了，竟然沒有一個茶杯是完整的，原來所有的茶柄都被敲掉了，伊凡說是為防止杯子被順手牽羊。儘管如此，我們還是付了保證金，要等喝完茶、還了杯子，才能贖回。

另一個怪現象是，不論茶館或咖啡館，只要是國營的，一概見不到半張桌椅。店裡沿牆釘著一種及胸的長木條，勉強可以靠靠手肘、放放杯子；大家就在一種不怎麼舒適的情況下吃喝、聊天、約會。所以在基輔閒逛時，經常累得我雙腳發軟卻無處可歇，此刻就會不爭氣地懷念起麥當勞的免費座椅。

一九六八年的某一日，列昂尼德・布里茲涅夫（Leonid Brezhnev）下令撤走基輔市內所有公共場所的座椅，一說是為了不讓烏克蘭人過於方便集會、議論時政，另一說是為了幫助間諜們更容易混跡於人群偵伺，不被發現。總之，那日之後，桌椅就從茶館和咖啡館消失了。

我懷疑，烏克蘭年輕人的早婚生子，跟他們缺乏「談戀愛」的場所有關。如今，烏克蘭雖然獨立了，卻還沒銀子把桌椅裝回去，大家仍是排排站著喝茶。幸好，不再看得到賊頭賊腦的告密者。

向葡萄樹狠下毒手的戈巴契夫

蘇聯頭子的荒謬暴行不只喝茶這一樁。戈巴契夫就曾為了阻止俄國人酗酒而突發奇想，砍掉烏克蘭最著名的酒產地克里米亞半島（Crimea）的所有百年葡萄樹，令烏克蘭人痛心疾首，更加深對俄國的恨意。其實，俄羅斯人真愛的是伏特加，又不是紅酒，怪不得葡萄樹。更何況，自己國人愛喝酒，卻跑去砍別人種的樹，也太蠻橫了，害得許多烏克蘭最上等的葡萄酒從此絕產。

許多人有所不知，領土比法國稍大的烏克蘭，也和法國一樣，酒產極豐饒。家有來客，餐點即便再素簡，也要端出鏤花高腳杯，斟上好酒，以表殷勤招待。

烏克蘭人偏愛稍甜的酒，這點很對我的味。我曾到一家以廣為收藏烏克蘭分布於不同地域的釀酒而聞名的酒館去試酒。按規定，每個人只能挑選十種酒來品嚐（酒店認為這是人類體能上對混酒的承受極限），十個高腳杯像試管一樣，被編了號安插在木條上的圓洞中。舉頭一看，牆上至少有上百種不同名堂的紅白酒、果酒、烈酒、玫瑰紅酒，在燈光下晃動著誘人的色澤召喚我，我一時心猿意馬，拿不定主意。

最後，只好請酒保推薦。

那次經驗，令人印象最深刻的是一種名為「喀爾巴阡」的玫瑰白酒。「喀爾巴阡」據傳產自位於喬治亞與烏克蘭交界的喀爾巴阡山脈（Carpathians）。味如春露，不過甜亦不過澀，滑入喉頭時，帶著微妙靜謐的玫瑰花香，我一小口一小口地啜飲，好不捨得喝完。可惜，這種酒聽說已絕產。我們在那酒店裡喝的，說不定就是烏克蘭的最後一瓶呢！

農婦的畫板

在烏克蘭民俗博物館裡看到凱特琳娜（Kateryna Bilokur）的畫時，我像是被驟然攝去了魂魄般，驚顫呆立，不能言語。後來伊凡告訴我，她是個農婦，出身於貧家，畢生不曾上過一天學，繪畫完全是無師自通，我脫口嚷著：「怎麼可能？」那美得令人屏息的畫竟就只是大自然啟蒙的靈感？天賦這回事有時真叫人沮喪啊！再多的色彩學或素描課也無法教出半個凱特琳娜。

凱特琳娜把烏克蘭一整個春天的花，鉅細靡遺地羅織在畫板上。肌理勾勒細膩，色澤搭配曼妙，構圖富巧思，而那些花，怎麼說呢，那些向日葵、牡丹、勿忘我，像被時間遺忘在畫板上，徐徐吐著芬芳，綻開柔弱的瓣葉，連凋萎似乎也沉浸在寧靜如夢的永恆中。描繪的技巧雖是幾近完美的寫實手法，卻絲毫沒有一般寫實畫的匠氣。凱特琳娜善用氣氛與布局來襯題，也因此，無論是畫蕃茄、馬鈴薯或野百合，無論花果看起來再怎麼栩栩如生，那畫總透著超現實的神祕意境，好像所有東西都在竊竊私語。

凱特琳娜的植物學知識豐富，她愛花、戀花，一輩子就畫花。也許，她畫的其實不是烏克蘭的田野，而是她以想像栽植的花園吧。

民俗博物館的畫廊，除了凱特琳娜外，還懸掛其他來自烏克蘭不同地域的素人畫家的畫，一看名字，竟清一色是婦女，有些紙張顯然是從廚房裡信手拈來的，上頭還泛著油漬或水痕。奇怪，男人都做什麼去了？伊凡說，搞政治呀！

這些畫作還有一個共同的特色，就是令看的人和畫的人一樣感到興高采烈。線條大膽痛快，著色飽滿精神，技巧雖拙，但絕對昂揚著自信快樂。譬如我最心愛的瑪麗亞（Marria Priymachenko），九十多歲了仍在畫畫，她畫筆下的熊、獅子、喜鵲、山羊……通通看起來古怪有趣，更別提那些她自己得意發明的無名怪獸了。這些動物身上都裝飾著不同的圖案，好像那是瑪麗亞的戳印。

瑪麗亞意外地承襲了烏克蘭最古老的裝飾畫傳統。截然不同於凱特琳娜的唯美精緻，她下筆粗獷，用色潑辣，情感表達方式濃烈而不失幽默。她又愛說故事，每一幅畫都可以是耀眼的兒童書插畫。

據說烏克蘭人每逢過新年都要「畫房子」。特別是在鄉間，大家仍很重視這個使居家外表看起來煥然一新的努力。於是，門窗、牆籬，每年都要設法漆畫上新飾，畫得好的人，在村裡當然就十分光彩，經常成為鄰居爭相邀請去幫忙畫房子的對象。烏克蘭產出如此活潑多樣的民俗畫，想必和這「畫房子」的傳統有關。可是，難道畫房子的都是女人嗎？這實在是件令人驕傲的工作啊！

我又想，當凱特琳娜和瑪麗亞的鄰居一定很幸福吧！每天回家，大老遠就可以看見一大篷一大篷爬滿牆面與窗檯的花卉，以及那些神氣活現、色彩斑斕的怪獸。

手工業搖滾

坐在嗆人的菸味和刺鼻的酒精中聽搖滾樂，應該是一件蠻刺激的事，然而我發現我老了。那樣轟炸飛機似的音樂分貝竟沒有使我心跳加速，只令我昏沉。

這個號稱有二十多個地下搖滾樂團接力出席的「地下搖滾樂節」，顯然大撈了一筆。不斷湧入的年輕人，把偌大的演奏廳擠得寸肘難伸。苦悶至極的年輕人往自己嘴裡灌啤酒，往別人身上灑啤酒。更苦悶的則衝到台前揮舞雙臂，和歌手扯開喉嚨一起嘶喊。喊些什麼呢？我一個字也聽不懂。

伊凡翻譯給我的是：「我們終究都要一死的，兄弟們，這個世界是個煉獄！……」也許我真老了。老了有一個好處，就是比較能抵抗那些太過頹廢的字眼。

那個唱歌的貝斯手的琴弦，後來被熱情的觀眾扯斷了。烏克蘭青年的壓抑和絕望是可以理解的：國內百廢待舉，看不見前景；國際現實，加上明顯的歧視，又阻絕了他們往其他國家旅行、求學、工作的機會。自由，對於烏克蘭的青年而言，是個奢侈的概念。沒有平等，哪來自由？

整個晚上的演出除了語言不同外（俄語及烏克蘭語），音樂類型大致上和歐美流行沒太大不同，Trash、Funk、Hard Rock，應有盡有，其中混著一個三人組的搖擺樂團，主唱聲音頗像美國當紅的哈利・康尼克。不過，幾乎所有的團都還是「手工業」搖滾，倒還沒見加料很多的 House 或光怪陸離的 Techno 之類的花樣。也許「材料費」太貴了。

基輔有一天會不會也像中國的北京，因著時代的氣氛而誕生一批搖滾精銳？他們將唱英語還是烏克蘭語？但有一點可以確定的是，他們會盡可能不再唱俄文了。

被俄國統治了四百多年，烏克蘭的母語創作受盡壓抑，如今，好不容易可以擺脫老大哥的陰影，許多知識分子因而對俄語的使用表現出強烈的反彈。這情形讓我想起台語剛被解禁的時候，朋友們聚在一起聊天，總要努力地說台語，以明心跡。可是，不唱俄文的音樂會有多大的市場呢？既不能外銷喬治亞、亞塞拜然，也不能到莫斯科或東歐去。同樣的危機也發生在文學創作上。

或者，等美國的流行文化更大量入侵之時，整個前蘇聯的文化市場會被英語重新整合？

音樂會結束後，我們走了好長一段路去搭電車。途中，一群人圍著一座雕像七嘴八舌地吵鬧。上前一看，原來是共產主義時期的樣板銅像，由於路燈太暗，只依稀看見一個赤身裸背的男人彎著腰。那模樣突然變得有點猥褻。

有人問，你想他在幹麼？另一個答，鬼才知道。繫鞋帶吧！大夥兒於是又一陣轟笑。我倒是滿同情他的，他看起來很冷呢！

像這類「前朝遺物」在基輔市內比比皆是。他們的存在，就像一句過時的口號，令人萬分尷尬。然而市府卻還沒有財力清除他們。

我問伊凡，那麼烏克蘭如今奉行什麼主義呢？他嗤鼻一笑，教條主義呀！

我想起中學時候唸的地理，傍著黑海的烏克蘭，印象中是物產富庶豐饒的國家，在中世紀以前，更是歐陸實力最強盛的文明古國之一。卻在十三世紀、對抗蒙古的西侵之後，國力耗損太巨而一蹶不振，從此任人蹂躪。而今，在一九九一年宣告獨立，脫離蘇聯、重新奪回自主權的烏克蘭，是否能克服諸般困境，在二十一世紀重放異彩？

外有俄國牽制，內有黑手黨盜賣國庫，官商勾結，加上親俄與親歐兩股勢力的崛起。在這種內外相煎的情況下，烏克蘭這第一步跨得顫顫巍巍。

走在這個被作家波卡爾丘克（Pokalchuk）稱為「看不見的國家」裡（The Invisible Country），我心中突然被一種宿命的哀傷絞疼。在國際舞台上，所謂的「能見度」永遠和你的國力成正比。我們之所以能輕易地藐視別人的存在，通常是由於無知的緣故。

我想起烏克蘭當代女詩人，安娜・阿赫瑪托娃（Anna Akhmatova）的詩：

所有的東西都被掠奪、
背叛、變賣，
死神的龐然黑翅
刮擦著空氣，
悲慘啃囓著我們的骨頭。
我們怎麼能還不絕望？

白天，自環繞的樹林間，
櫻桃向城裡飄送著
夏天的氣味；
到了晚上，
深黝透明的夜空
又閃爍著新亮的銀河。

而奇蹟的降臨
總是如此貼近
那些被毀壞、髒污的房舍。

若干無人知曉的祕密，
在我們胸膛中狂野恣長
已好幾世紀了。

後記：在慕尼黑旅行時，結識了烏克蘭青年伊凡，因而造訪當時才獨立五年的烏克蘭，見證這轉變中的國家，躊躇不定，卻又蓄勢待發的一切。被當時的氛圍和文化，深深觸動，於是記所見聞。

關於摩洛哥七段不斷修改的筆記

每當抵達一個新城市，旅人就再一次發現一個他不知道自己曾經擁有的過去：你再也不是，或者再也不會擁有的東西的陌生性質，就在異鄉、在你未曾擁有的地方等著你。

——《看不見的城市》，伊塔羅・卡爾維諾

駱駝牌香菸

輪船駛離丹吉爾（Tangirer）港口時，我的感傷突然不可遏抑地捲向直布羅陀海峽。黃昏的太陽、蒸騰的海水，使漸行漸遠的丹吉爾消失在一片柔焦的水霧金光中。

丹吉爾是我此行摩洛哥的第一站，也是最後一站。我對丹吉爾的感覺相當複雜，這個在四〇年代就已非常「六〇年代」的城市；這個一度誘引保羅・鮑爾斯（Paul Bowles）、威廉・柏洛茲（William S. Burroughs）、傑克・凱魯亞克（Jack Kerouac）、艾倫・金斯堡（Allen Ginsberg）等騷人墨客的流放之都；這個曾經盛產香料、同性戀與各種大麻的嬉皮天堂，如今卻怎麼看都是個形容慘澹的港口，豢養著無數寄生於遊客的市井之徒，每個街角都蹲著叫賣 Marlboro 香菸的小販（美國進口的香菸很貴，所以按根零售）。所有過去依附於它的浪漫傳奇色彩幾乎不著痕跡了。

抵達丹吉爾的第一天，才一出海關，立刻被蜂擁而上的自薦導遊團團圍住。由於當時天色已晚，我和朋友 Y 都不懂阿拉伯語或法語，放眼望去也沒有「旅客服務中心」，於是我們接受其中一人的建議，到他朋友開的旅館住。

旅館名字叫「天使」，房間地板及衛浴蒙著一層厚厚的灰。導遊名字叫奇奇，開著一部破黑車。

一走出街上，放眼望去全是滑行的阿拉伯文店招牌，英語在此好像是外太空的通訊密碼，沒幾個人懂。阿拉伯話聽起來唏哩呼嚕，比古埃及的咒語好不了多少。所有的東西都沒標價，餐廳也不給價目表。連公共電話卡的售價都可以因人而異，差距兩、三倍。我和 Y 洩氣極了，才隔了一個直布羅陀海峽，所有在西方世界理所當然的遊戲規則完全行不通。買來的地圖也形同廢紙，因為許多巷弄根本無標示，舊市集的設計好像毛線團，一走進去，九彎十八拐，除了摩洛哥人和他們的驢子之外，很難不暈頭轉向。

我們決定先「交學費」，找奇奇當導遊。

奇奇人高馬大，亦正亦邪，是標準的地頭蛇。一路上不斷停下來和朋友打招呼，親吻擁抱的都是男人。這裡的男人和男人關係之親暱，是其他地方少見的。比方在英國，你絕少會看見男人之間吻別，那是僅存在於異性之間的舉動；難怪我的同性戀朋友視摩洛哥為桃花源。

良家婦女

是的，這裡是男人的天下。

所有的咖啡店、餐飲店裡，都是清一色的男人。男人們聚在店裡看足球，喧囂笑鬧，品論時政；男人們也排排靠坐店前，面向馬路，看行人來往，閒嗑牙、調戲女子。

男人有這麼活躍的社交生活，可是女人都哪兒去了？女人既不上公共場所拋頭露面，一般娛樂生活也很少有她們的份，整個社會運作是依照男人的需要而設計的。

奇奇說，如果他帶著老婆一起出來逛街，老婆一旦被人調戲，他就只好打架。所以最好還是把她留在家裡，省得惹麻煩。

我問奇奇有幾個老婆？他笑，一個都養不起了，哪還有剩餘的能耐搞小老婆？西方國家的人，老以為阿拉伯男人都是石油大亨，妻妾成群。

但我認為這解釋說明了他是「非不為也，是不能也」。我很高興因為經濟結構的改變，回教徒三妻四妾的習俗總算開始瓦解。

素聞阿拉伯男人對女人甚為輕佻，我行前還去跟一個會「泰拳」的老師惡補了招式狠利的女子防身術。因此覺得自己走路有風，十分自信，不過，防身術倒一直沒派上用場。摩洛哥的男人多半僅止於眉目傳情，或以手勢和言語來招惹妳（說什麼我反正聽不懂），不至於有侵略性的舉動。

我後來知道，像我這種既不遮戴頭巾，又露出兩條膀子，還大剌剌坐進咖啡店裡喝咖啡的，都不是良家婦女，於是人盡可欺。咖啡店這等場所，在摩洛哥被認為是粗鄙的，一般好女人都避得遠遠的；龍蛇雜處的市集也是不良場所，女人不該獨自出沒。

但北方和南方習俗又略有不同。我後來在馬拉喀什（Marrakesh）便經常撞見女人自己在糕餅店裡吃蛋糕、喝果汁。南方的女人比較開心，因為多了那麼一點點自由。

奇奇當了我們半日導遊，帶我們穿梭市集，每一到他朋友開的店，便藉口說禱告時間到了，然後逕自走開，把我們留在那店裡。等待的時間夠長，長得使採購不得不發生。奇怪的是，奇奇的禱告總在我們正好達成交易時結束，他會適時出現，來接我們。或許他仍心存慈悲，不忍見我們在不明就裡的情況下被朋友誆騙。

奇奇跟我們索取的導遊費是一般領有政府牌照的正規導遊的兩倍多，但我們都覺得學費沒有白繳，因為我們學到的第一課就是，從此靠自己，不再雇用任何導遊。每當需要溝通時，就會出紙筆，邊寫邊畫，最後總會達到目的。

幫閒忙

決定在離開丹吉爾之前到郵局去寄一個包裹，把不再需要的衣、書、鞋子寄回倫敦，挪出一點空間來採購樂器。

一到郵局，被一個身著伊斯蘭藍布長袍的老人攔下。他未經商量就伸手取走我的包裹，割開給櫃台的人看，我以為他是辦事員，做的是例行檢查。但接著，卻見他取出自備的剪刀與膠帶，開始拆解我的包裹，並且把我塞放好的東西往外拿。我想阻止他，他卻揮手大聲斥責我，態度非常粗魯。

原來，這人就是在這裡以收費幫忙人包裹營生的，而郵局也默許這樣的行業存在。只有我這外地人不知道這兒的規矩，把包裹任他處置。我看著已經被割得支離破碎的紙箱，心裡憂愁它是否能安然抵達倫敦，尤其不放心裹在 T 恤裡的葡萄牙陶瓶。

摩洛哥到處是這種幫閒忙賺錢的人。車站、碼頭、市集，只要有遊客出沒的地方，就有這樣的人鎮日守候，一逮著機會，就欺上身去死纏活黏。有些人還以為，只要久纏必定奏效。於是緊跟不捨長達二十多分鐘，嘴裡叨唸著：「小姐，便宜導遊，只要三十 DH。」

由於揹著大背包，又長得太像東方人，我們成了目標明顯的「觀光客」，沿途被騷擾。

有一次在費茲（Fez）的市集裡迷了路，進入蛛網一般的狹巷裡打轉，企圖找到十分鐘前才去過的一家賣銀飾的小店，卻不料愈繞愈遠。被一個遊手好閒的年輕人尾隨，硬要當我們的嚮導。十五分鐘後，我們實在不勝其擾，停下來不走了，正色請他離去。這老兄突然翻起臉，臭罵我們是日本鬼子，語帶髒字，愈罵愈起勁。

我雖不是日本人，但對這樣的行徑極為不齒，腦門頓時衝上一股血氣，轉身大吼，叫他住嘴。他大概還不曾這樣當街被女人斥罵過，一時啞口瞪著我。

另一次則是一上火車就被盯上。兩個面容和善、會說英語的摩洛哥人，企圖慫恿我們中途跟他們下車，到他們居住的小漁港過夜。他們說，我們的目的地費茲，一入夜就很危險，車站裡都是毒販和小偷，外地人要想找到落腳處十分不容易。我們愈聽愈慌，差點兒跟他們下車。他們走後，車廂內其他人才告訴我們，這兩人就在那小漁港經營客棧，每天都搭火車釣遊客。

費茲的夜晚其實很平靜，我們就在距車站不到二十公尺的地方，找到很摩登乾淨的一家旅社。

沙漠中的羊

沙漠中的牧羊人要把羊群領往那兒去呢？坐在火車上望著無邊無終的沙漠，我常生起這樣的困惑。

該如何在一籌莫展的曠野中，辨識可放牧的地方，又該如何才能把散落荒沙上的羊隻聚攏呢？極目望去，除了偶而出現的一團仙人掌，就是滾滾黃沙，灰黃的羊群就在荒瘠的地上低頭覓食，努力想自稀疏粗短的草莖之間，挑出最後一縷可嚼的葉瓣，我甚至開始懷疑，不得已時，他們也啃啃仙人掌。

不同於其他地方的羊總性喜群聚、盲從，一到黃昏就咩咩叫著、挨蹭在羊圈的一角，沙漠中的每隻羊似乎都帶著孤寂性格，彼此之間常常相距一、兩百公尺遠，對著不同方向立著，默默嚼食草根。當法國、蘇格蘭草原上肥胖的羊群望著清翠欲滴、啃食不盡的草原發呆，因無聊而集體厭食時，摩洛哥的羊隻則是帶著倔強的表情不停地咀嚼、消化。但不論再怎麼努力嚼食，這裡的羊都長得瘦。

摩洛哥的一切都是瘦嶙嶙的，我猜有一半原因是比例造成的。相對於荒漠，一切移動的馬、驢、羊、人、房舍、樹木，在眼中都顯得消瘦。

蒼天無語，大地無言，火車在城鎮間奔馳，城與城之間的直線距離動不動就是十幾小時車程，摩洛哥人經常半天一夜就這樣望著窗外，不發一聲。他們眼中的城市、街道、沙漠是怎麼顯影在記憶裡呢？他們記憶的建構系統和底色，與世界其他溫帶或寒帶地方的人很不一樣吧？當他們凝望，總是習慣望著無限遠方，實在是因為，近處也沒有什麼特別，除了翻飛在鐵道兩旁、被棄擲的黑色塑膠袋，遠方不過是近處的無限延展。

大概是由於鎮日望著遠方的緣故，摩洛哥人多半有著一對憂鬱的眼睛，有時候，當他掉過頭來直直望著坐在對面的你時，你會不由得燥熱起來，好像隱藏在體內的那塊荒漠也在那一剎那被看穿了！

綠洲之夜

如果到了摩洛哥卻沒有造訪馬拉喀什，那等於是白來一趟。火車上，一個摩洛哥人這樣告訴我們。於是，我們臨時起意，改變行程，到了卡薩布蘭卡（Casablanca）之後，往南，折往馬拉喀什。

結果證明，馬拉喀什把我到過的其他城市都比下去了，它修改了我對摩洛哥的全部記憶。

馬拉喀什曾是摩洛哥的歷代首都，千古以來，它站在撒哈拉沙漠的起點。往南望去，是湛藍似海的天空覆蓋著無垠的沙漠，往北卻可見高山上的白銀積雪。馬拉喀什是鑄造在冰火之間的一個古老綠洲，它是沙漠裡的子民對繁世的高度熱望與投射。一批又一批的駱駝旅隊經過這裡，卸下重負，在它的綠蔭裡打尖吸菸、補給飲水與食糧，交換貨物之後，又奔向沙漠。

一直要到面對沙漠，我才真正領會保羅・鮑爾斯所謂「遮蔽的天空」是什麼意思；我想，找不到比這個更加貼切、溫柔的語詞來述說沙漠了。是的，沙漠正是這樣無盡的荒蕪，除了天空，別無所蔽。存在的處境也是如此，孤渺無蔽無告的荒蕪。世界好像被施了咒語，睡去又醒來，都在沉默中。

唯有馬拉喀什是除咒的地方。

馬拉喀什的白天沸騰，夜裡喧嘩。常見女人載著女人騎著司庫達溜達街上，並不戴面紗。

馬拉喀什的夜市讓我想念起台灣二十多年前的鄉下夜市，有吃有喝還有得看，各種不實用、最新的日用品小發明總最先出現在這裡。馬拉喀什的夜市因為聚集了所有外地來的賣藝人，便又多了一種節慶的氣氛。

住在沙漠裡的柏柏（Berber）族人帶來羊毛手織品、毛毯和飾物、能治百病的神奇膏藥，以及熱鬧歡天的格納瓦（Gnawa）音樂。男扮女裝的舞者蒙著面紗托缽要賞錢時，觀眾就會奚落玩笑說：「嗳，怎麼這個小姐的腰圍這麼粗，下巴還長著鬍子？時代真是變了。」

但是馬拉喀什沒怎麼變，哈珊說，它二十年前就是這樣子，大家也喜歡它這樣子。在娛樂形態簡單的摩洛哥，夜市就是輝煌的百老匯。

遇見哈珊

認識哈珊是在往馬拉喀什的火車上，我的隨身聽又接觸不良，放在手上敲打，他很友善地遞過他的給我聽。

我問他，「哈珊」是不是「哈珊二世」（摩洛哥國王）的哈珊？他臉一紅，笑了。我的問題使他很開心，因為哈珊二世的照片掛在摩洛哥的所有大小商店裡，就像二、三十年前在台灣的蔣總統畫像一樣。

哈珊家住卡薩布蘭卡，是穿著時髦體面的都會青年，到法國留過學，見過世面，隨身聽裡是美國搖滾樂。但一坐上計程車，聽到阿拉伯流行樂，哈珊的肩膀就不由自主地扭動起來，喉頭發出像蛇一般抖顫的吟唱，活脫脫又是一個摩洛哥人。

和哈珊一起到他堂弟拉息（Racid）家作客。端上來的摩洛哥佳餚是一隻肥雞燉在金黃的汁液中，芳香四溢——終於吃到了道地的摩洛哥名菜「tajine」。

「tajine」最精美的地方，不在那雞肉，而在那經各味香料、蔬菜、肉類（可以是雞肉、羊肉或豬肉），百滾千熬的汁液。撕一塊剛出爐的圓麵包，再沾一點碟裡的汁。我是圓桌上唯一的女人（因為我是來客），依照回教國家的慣例，哈珊的堂姊妹們都留在廚房裡，並不上桌共同進食。

餐後，闔家觀賞拉息大姊的結婚錄影帶。由家中每個人對影片熟稔的程度，我判斷這片子被播放了至少二十次以上。新娘子笆笛亞在影片中打扮得富麗華貴賽埃及豔后，被眾人簇擁服侍著。身披金箔編的罩袍，頭戴珠玉環鑲的寶冠，手足都被細細繪飾，宛如裹了一層美麗的蕾絲花邊。但我看笆笛亞從頭到尾一言不發，好像只是盛宴中一個任人擺布的洋娃娃；偶爾矜持的微笑，並不見她進食。婚禮整整進行了三天兩夜，她進進出出、換了一套又一套「隆重」（那些衣服看起來都至少十多公斤）的禮服首飾，到後來連濃豔的脂粉也掩不住她的倦怠。據說這已經是個簡潔的婚禮了，摩洛哥一般傳統的婚宴動輒長達十天、十五天。不知道一般窮人可怎麼結婚呢？

拉息見我對摩洛哥婦女的紋繪感興趣，問我想不想試試，我大喜，拚命點頭。

這種紋繪和刺青不同，每次畫了頂多只能在皮膚上停留二十天左右。相對於刺青的永久與不可變更的決絕，這刺繪毋寧是更接近情趣表達或日常遊戲，但因此，它的美麗會逐日褪色，它的失敗也不會太可恨。

新婚的笆笛亞搬出刺繪的道具：一支針筒、一個瓷碗盛著和水研磨的黑色粉末，和一個小靠枕。同行的 Y 對我擠擠眼：「嘿嘿！原來要先打針喔！」我想，可能打的是消炎針吧，就把心一橫，伸出手腕。結果，笆笛亞卻攤開我的手掌背面，平放在小枕上，針筒吸出碗中泥漿似的墨液，傾著頭，開始在我手上作畫。針頭原來並不很尖，在笆笛亞熟練的操控下，涼涼的墨汁滑在肌膚上，均勻地勾勒出美麗的裝飾圖案，每一線條都很果決，不容差錯。似乎笆笛亞早就在腦海裡畫了藍圖，總共不過十五分鐘吧，我的兩隻手掌正反面都布滿細膩的紋飾。

這種叫「漢娜」（Hanna）的天然顏料，在摩洛哥有多種用途，婦女們拿它來染髮、化妝、刺繪手足。它剛畫上去時是濃黑色，但乾透剝落後，留下的卻是赭紅色圖案。據說漢娜亦具有強化髮質的功效，台灣早年的「黑娜洗髮精」想必由此而來。

我屏息，不敢亂動，深怕把筂笛亞的畫碰壞了。筂笛亞每隔一會兒就拿棉花蘸大蒜水在我手上，說是延長這手繪在皮膚上停留的壽命。但麻煩的還在後頭，因為這種以漢娜研磨的染色需時甚久，哈珊說起碼要等十小時才會乾透。於是在它沒有乾透以前，我必須把手掌撐開，不能碰任何東西。

後來出拉息家門時，還是哈珊幫我穿的鞋襪，整個晚上，我小心地撐開麻木的手掌，大蒜與漢娜的混合氣味非常辛腥刺鼻。

漂亮的紋飾在我手上停留了五天以後，就開始一點一點地消失，我每天查看我的手，都發現花葉的某一小處不見了，圖案愈來愈破碎。十多天後，原來的飾樣已不可辨。殘存的斑紋，恍然一看，倒像是被時間斧鑿的斑斑血跡和瘀青。

明信片

剛到摩洛哥的第二天，我唯一的欲望是離去。然而，沿途巧遇的人、發生的事，使我的欲望不斷改變，距港口愈來愈遠。可就在我感到摩洛哥的形貌逐漸清晰起來時，我又在碼頭與奇奇重逢，我們像老朋友那樣，拍肩擁吻，互相都說了祝福的話。

就像在許多電影裡面，歹徒的存在是必要的，因為，他們使奮鬥有了意義。旅行中，騙子也是必要的，只有如此，冒險才能夠顯得具體而深刻。於是，所有良善美好的遭遇，便加倍令人懷念。

回到倫敦，收到哈珊的明信片，他用歪歪斜斜的英文寫：如果你再到摩洛哥，不要忘記，我的房子就是你的房子，我的家人就是你的家人。

這麼輕的一張卡片，這麼重的情意，來自一個素昧平生的摩洛哥人，他相信，我們的相逢是阿拉的旨意。

叢林裡的槍聲

夜半訪客

從來不知道，非洲可以這麼冷。

電視上看到的非洲，不是酷熱欲焚的一片焦土，就是乾旱的莽原。但現在，才不過晚上九點，我們已經圍坐在吉吉瑪薩伐旅營地（Jijima camp）升起的火堆旁烤火，被煙燻得淚眼朦朧。身上雖然套了毛衣夾克、兩條褲子與兩雙襪子，還是不住打哆嗦。

這不過是南非洲的初冬，聽說，一入六月，夜裡氣溫可以跌至冰點以下，可是白天照樣是毒太陽。

吉吉瑪營地位於辛巴威，萬蓋國家公園（Hwange National Park）的邊緣。月色如紗，一大群野水牛踱向一百公尺外的水池喝水，同時，三三兩兩的彎角羚（Kudu）與角馬羚（Wildebeest）也自另一頭安靜地走向水源。彎角羚是羚羊中最體面高大的，背上的垂直白紋在夜裡依稀可辨；角馬羚則別號「非洲小丑」，長得滑稽，似牛半羊，因為背上及頸下有濃密長毛，有幾次夜裡，我竟被牠的剪影唬了，以為看見的是獅子，一陣空歡喜。

不遠處，胡狼求偶的呼嗥一聲接一聲，迴盪在曠野裡，格外寂寞。問營地主人羅爾，水池裡可有鱷魚？

「鱷魚？」羅爾揚起聲音，「如果有，我第一個提槍去殺了牠。班迪一天到晚都愛去那裡玩水，太危險了。」

班迪不是別人，正是老羅爾最鍾愛的傑克羅素小獵犬，平日形影不離跟著他。

這種獵犬聰明而勇敢，在我心中名列前茅。馬戲團裡常見會數數、耍把戲的狗，大多是傑克羅素。然而，牠的悲哀是，既有獅子般的雄心壯膽，卻生就一副短小身材；雖獵性頑強，但常自不量力。

此時，牠正豎起耳朵聽著週遭的一響一動。老羅爾看了班迪一眼，用那種不容置疑的權威口吻說：

「妳知道，在辛巴威平均每天有一人死於鱷魚嘴下。在叢林中混了二十多年，我至今對鱷魚和蛇這類冷血動物敬而遠之。獅子絕對沒有牠們危險。」

牠們來了！

但這兩天，真正困擾他的卻是兩頭大象。

這兩隻離群索居的大公象看上了吉吉瑪的菜園子，顯然特別喜歡叢林裡吃不到的根莖類蔬菜，如紅蘿蔔和小黃瓜。昨夜熄燈之後，大象進園子裡偷食蔬菜，半個菜園子遭劫，被踐踏死的比被吃掉的多。羅爾的心滴著血，雇了人手在菜園子週遭挖起一道深渠，他知道大象不會跳躍，如此，或許可以阻止這些不速之客。

可是，深渠還要三天才完工。食髓知味的大象，只怕今晚會再來訪。

「這些傢伙聰明得很，牠們等我的發電機一停止轉動，知道大家都休息了，就會熟門熟路地摸回菜園子。嘿，我就偏不睡，坐這兒，拿槍守著菜園子，到時候，繞到牠們身後，砰砰，給牠們吃兩發空包彈。」

羅爾雖然兩鬢飛霜，卻是不折不扣的硬漢，他就如叢林中的動物，深具領域性。他的的 A 計畫成敗，攸關我們明天是否還有沙拉可以吃。

大象皮厚，空包彈當然傷不了牠們，不過是希望聲響把牠們嚇跑。我倒覺得這時候放鞭炮應該比較管用。

說著不過半晌，看守菜園的警衛便神色倉皇地跑過來，喊著：「牠們來了！」

羅爾毫不遲疑，立刻提槍前去捍衛他的菜園。

黝暗的黑夜中，傳來樹木枝葉被撂倒折斷的聲響，看樣子是一頭脾氣暴躁的象。如果牠光火了，會不會逕自跨過這一排灌木，把我們的帳篷踩個稀爛呢？我似乎看見我們明天的沙拉一片狼藉。

槍聲爆響。一次，兩次。

緊接著，更巨大的靜默當空罩下，晚上的談笑風生早已隨著硝煙散盡。羅爾的兩隻狗嚇得不住顫抖，四隻耳朵豎得老高，憂心戚戚地望著主人前去的方向。

在我們看不見的地方，一場小小的人象之戰未見分曉。

突然間，我的腦子裡閃過一部電影流行的廣告詞：「尺寸是重要的！」

尺寸當然是重要的。在叢林裡待幾天，你就會明白這點。百獸之王不是獅子，一隻成年巨象，才真是威猛無敵。不僅鱷魚不敢惹牠，連獅子都敬牠三分，一定得等大象喝完水，才敢走近水塘。除了拿槍盜獵象牙的盜獵者之外，想不起來有什麼動物是對大象具威脅性的。

辛巴威自然公園裡的象群，如今有七萬頭，數量已經超過其面積所能容納的兩倍，其對林相生態造成的破壞令人印象深刻。走在叢林裡，常見東倒西歪的樹木，有的被連株拔起，有的被象鼻鉤彎，殘枝敗葉席捲一地的象大便。曾經，在維多立亞瀑布附近的精品店裡，看見由大象糞製造的再生信紙，氣味依舊刺鼻。難不成真有逐臭之客買了紙回去寫情書？我百思不得其解。

事實上，大象在一般情況下是溫和的，只有攜著小象的母象或發情的公象，較具攻擊性。運氣太好了，我們在叢林裡徒步兩趟，都正面遭逢大象。

一次是在森林裡和一隻正發情的公象兜著圈子。大象眼力差，但嗅覺靈敏，因此我們須設法待在牠的下風處。嚮導雷思特每走幾步，便自口袋裡掏出一袋粉末抖一抖，查看風向。無奈風向不停地轉變，我們也只得跟著一直改變路徑，即便如此，大象仍然緊追不捨。我們左繞右拐，約莫過了兩刻鐘，才擺脫牠。

第二次則是一頭年輕的公象，也不知是出於好奇還是憤怒，他執意朝我們走來。眼看距離僅剩十公尺，雷思特示意我們快速安靜後退，可是那象的四條巨腿依然大步邁進，一夥人緊張得不敢吭氣。雷思特大聲擊掌要嚇跑牠，無效。於是他拾起一根粗大的樹枝，作勢攻擊。這下子，總算把大象唬住了，這才心不甘情不願地甩著耳朵，轉身離去。

羅爾回來了，班迪馬上跳到他膝蓋上舔著他的臉。他拿方才扣動扳機的手點著他的菸斗，神色自若，大象暫時離去了，但誰也不知道這些長鼻子訪客會不會二度造訪，夜未央。

鱷魚農場

老實說，我從來沒有喜歡過鱷魚。

誰會呢？牠生來醜怪，一對邪惡無比的黃眼睛，加上鋸子般的暴牙、一身鱗甲累累的皮革，張嘴一咬就是致命的十五噸重，這一切都使鱷魚與「寵物」絕緣。再怎麼絞盡腦汁，也想不起一丁點兒牠討人喜歡的地方。可是，環繞著牠的古老歷史，使牠的存在昇華為一個謎。

想想，鱷魚已經在地球上爬行繁衍了一億年，見證大部分生物的演化，其中包括由猿猴而直立行走的人類。甚至，在所有的大小恐龍都絕跡之後的今天，牠還是安然無恙地出沒於沼澤河畔，其神祕與猙獰正如茂密危險的叢林一般費解。薩伐旅若無鱷魚，便黯然失色。

是牠的費解，將我帶到這個鱷魚農場。

大多數動物，在襁褓或幼兒期總看起來嬌憨無害、惹人憐愛，然而，小鱷魚自啄破蛋殼那一剎那，就開始獵殺。殺戮似乎是鱷魚與生俱來的本能，不須調教。

觀察一隻四個月大的小鱷魚，在我掌上齜牙咧嘴、虛張聲勢的模樣，不免驚奇，原來鱷魚從小看起來就這麼惡狠，十足的小壞蛋。我相信，一逮著機會，牠就會一口咬下我的拇指。

一頭母鱷魚平均每次可以下四十五顆蛋，不過這裡面只有百分之二會孵出小鱷魚，這得要感謝那些喜歡盜食鱷魚蛋的蜥蜴和烏鴉。可能是為了報復吧，蜥蜴只要一靠近水邊喝水，就常成為鱷魚嘴下的犧牲品。

據說鱷魚的平均壽命是一百歲。在這一百年裡，我估計至少有八十年，牠們是這樣動也不動地趴在河畔，幻想自己是一截樹幹。要不然，為什麼牠們總看起來那麼自得其樂，嘴邊似乎總浮現一抹微笑（或者獰笑）？

鱷魚農場裡的鱷魚，因為不必獵食，只要飯來張口，所以幻想的時間更長。餵食時間一到，就有人提一大桶生肉，一面敲打桶子，一面將肉塊拋下池畔。這時候，鱷魚才懶洋洋地爬過來進食。

小鱷魚一長到兩、三歲，就開始具經濟價值，鱷魚農場因此也兼營皮革加工製造。說穿了，跟養殖廠養雞是一樣的道理。說來，人類比鱷魚更狠，可以剝皮吃肉，把牠的價值發揮到極致。

以前看印第安納・瓊斯的電影，總以為叢林沼澤到處是鱷魚。沒想到，鱷魚其實很害羞機警，一聽見聲響，立刻便快速躲進水裡。我們多半時候只能遠遠地，以望遠鏡觀望牠們。

鱷魚對待獵物，也是一樣的謹慎。通常會先查看好一會兒，才採取行動。牠們的伎倆是先一口緊咬住獵物，拖至深水中將其淹死，再慢慢享用。後來我在尚比西河（Zambezi River）上划著獨木舟時，便兩次怵目驚心地看見漂浮於水面上的羚羊與河馬頭顱，其身軀早已被鱷魚啃食精光，臉上卻還流露驚恐的表情，生命在那一刻定格。

河中巨無霸

我和瑞斯托把獨木舟滑進尚比西河流的那一剎，彷彿滑入一個夢境，那是為我們打造的電影場景，我們單獨在其中，沒有閒雜人等，必須自力更生。

特意避開所有觀光客（很好笑吧！我們常忘了自己也是），我們選擇一段杳無人煙的河流滑獨木舟。導遊在岸邊簡單解說了一些滑行要點、要謹慎的事項，就讓我們獨自划船。我們想要依照自己的速度，以鴨仔的速度慢慢滑，享受叢林中漂流的滋味。

尚比西河在非洲語的意思是「巨大的河流」，全長兩千五百七十四公里，流經九個國家，其中大部分都在尚比亞。也就是說，承載著我們獨木舟的河流，不久前才經過海拔一千多公尺的巴羅茨高原，轉進巴托卡峽谷時，被擠壓形成氣勢萬鈞的維多利亞瀑布。維多利亞瀑布的原名是比較生動的，叫做「莫西奧圖尼亞」（Mosi-oa Tunya，托卡萊雅湯加語），意思是為「像雷霆般轟轟作響的煙霧」。很不幸地，一旦任何景觀被白人「發現」，就會被冠上一個很無趣的名字，像是「維多利亞」。

我們所處的這一段河流是尚比亞和辛巴威的交界。尚比西河是乾渴的大地上，一首撫慰人心的詩，養育了無數農人和動物，讓我們的餐盤上有綠色沙拉。

此刻，這巨大的河流，如此靜謐，岸邊林立一排樹冠龐大的巨木，在河畔投下沁涼的陰影，十分消暑。我們輕輕把小船滑向那陰影的深處，深怕從夢中醒來。

所有跟非洲有關的電影畫面，相繼浮上水面：《遠離非洲》、《黑幫暴徒》、《不朽的園丁》……停停停，為何與非洲相關的影片都這麼哀傷？暴力、剝削、離別與死亡。我是來體驗非洲的美好的，想想動物片《獅子王》、《我的好朋友是隻豹》或至少 BBC 的紀錄片《非洲》吧！我不是為此而來的嗎？荒漠、莽原、遷移的大群羚羊、飛奔的獅子，夜空遼闊無際，只有繁星點點……。

忍不住，我和瑞斯托都拿出相機開始拍照，一定得記錄下這個夢幻時刻。獨木舟就這樣擱置在繽紛的樹影之間，沒多久，小船開始晃動，我們定睛一看，是河馬。糟了，導遊一再警告，千萬不能打擾河馬，結果會很可怕。我們的小舟肯定距離河馬家族休憩的低點很近，而我們的滑行、說話和機械聲響，擾動了牠們的睡眠。情況緊急。瑞斯托和我慌忙丟下相機，拿起船槳開始拚命滑船。

真的得拚命，河馬的咬力是兩千五百磅，體重一點五噸，牠是河中的巨無霸，只要牠出巡，連鱷魚都得靠邊站。一旦牠發怒攻擊，我們的獨木舟會被牠攔腰截斷，我們兩人只夠塞牙縫。

河馬浮現了，開始驅離我們，作勢攻擊。我們加速滑行，如果以現在這個速度，應該可以拿下劍橋滑舟比賽冠軍沒問題。過了好一會兒，河馬才停下來，返回牠睡覺的基地，放過我們。

河馬喜歡整家子團抱睡覺，我們可能剛好闖進牠們家族在樹蔭下的領域。

深夜，躺在帳篷裡。聽見河馬在帳篷外吃草，沙沙沙，草莖被牙齒拔起咀嚼的聲音，就在耳邊磨蹭。每隻河馬每晚得吃掉四十公斤牧草，牠會不會把帳篷咬破？牠那麼巨大，靠得那麼近，我既興奮又害怕，久久不能入睡。

牠看著我

來到薩伐旅的最後一天，即將搭吉普車離開營區。四處搜尋我的朋友 Mei，卻不見她的蹤影。

誰知道她逛到哪裡了？我想跟她道別。見不到她，我捨不得離開。

Mei 是園區裡的寵物，她是一隻美麗的瞪羚。因為受傷，被園區收留，傷好了也就順勢留下，成了園區的寵物。園區安全，Mei 可以四處逛，不必成為其他野獸的獵物，只是牠對陌生人頗害羞。

還記得見到 Mei 的第一天，她遠遠觀察我一陣子，然後怯怯地靠近。身軀比動物影片中高䠷，細長的四肢，身上的斑紋，如此優美，簡直是造物的傑作。

這輩子從不曾這麼近距離看著一頭羚羊。Mei 的眼睛美麗水靈，長睫毛搧動著無辜，令人想好好保護她。我一眼就愛上她，從此不斷在園區找她玩。

她也喜歡我，我感覺得到。她會溫和地靠近，低頭讓我撫摸她的頭，那一刻，宇宙暫停呼吸，我感到愛在我們之間流動。

見不到 Mei，我悵然若失。我要車子再等我一下，回營區上廁所。

就在我坐在馬桶上的時候，Mei 走進來了。（園區廁所都沒有門，可以自由進出，有點半野外的方式。）Mei 一下子就走到我跟前，她脖子上被綁了一條紅花領巾，是個可愛的小女孩模樣。

我說，Mei，我要走了，妳要好好照顧自己，我應該再也見不到妳了。非洲很遠，這裡更遠，我很難再回來看妳。

Mei 照樣低頭不語，她濡濕的鼻子輕輕碰我，我們四目相望。她長睫毛下的眼睛閃爍，我忍不住眼眶濕了。我不知道羚羊會不會哭，但我非常確定，她知道我要離開了。她找到我，來跟我道別。

這隻美麗、溫柔、害羞的瞪羚，讓我最後一次摸摸她的頭。

然後，她後退，轉身，踢踢踏踏走了！

這一幕，我在多年後回想起來，依然是我整趟薩伐旅最難忘的一幕。

一人露營車開進紐西蘭

一個人開露營車，在紐西蘭南島三天以來，一直在修車。估計造訪修車廠的時間，超過在路上看風景的時間。

老舊的露營車 Chaser 不斷出問題，一下子電源線故障，一會兒烤漆鏽蝕，車門無法上鎖，各種開關常當機。這部車齡十年的露營老爺車，早該退役，但這次我們命運相繫，只求這個老傢伙撐過這兩週，讓我完成在南島的環島。

在路上看到的露營車，十之八九是伴侶、家庭或朋友們合租的大車。像我這樣單獨一人一部露營車的，一路上並不曾見。這部車僅有半套浴廁，無敵窄小，不容轉身，比其他全家福露營車瘦小一些；坐馬桶時，只能側身，角度是個關鍵，除非萬不得已，必須應急。

最後還是得充分利用沿路的咖啡館和餐廳如廁，以及黃昏會停泊的露營區梳洗。不過，我喜歡車上所附的簡單廚房，它給我更大的自由，就算是停在荒郊、湖岸或路旁，我照樣可以煮泡麵、喝咖啡，拉開冰箱做個三明治夾火腿。

幸好，修車廠有帥哥，心地善良，他不厭其煩地教我如何由內強迫鎖門。然而，我最大的挑戰是倒車或路邊停車，因為後視鏡被浴廁遮了一半，只能以蝸牛的速度倒車，一邊禱告不要撞到任何人或車，一邊希望後頭的所有人車，自動閃開。因為車身太長，側面的鏡子有點像是裝飾，並不能偵測到後方車子的移動。

一個人的任性時間

一個人的旅行，總是充滿不可預期，更何況我幾乎是只有大綱、不計劃細節的那種旅行，更讓旅行充滿彈性和變數，比較接近雲遊，漂泊到哪裡算哪裡。

我享受一個人的自由自在，也承擔其無助與風險。我並不怕寂寞，怕的是被約束後的不可變動，就像是旅行社幫人打理好的行程，那令我窒息。

一個人，變得很簡單，有個大致方向（現在還有Garmin、Google）想去哪就去哪，想多待一天就多待一天，不對盤的地方就跳上車，上路走人。計畫失敗，沒有人會埋怨你，自己認了就算。

少了怨懟別人或被怨懟的可能，讓遊玩變得海闊天空。

一個人吃飯，會有鄰座的人來搭訕，有人會以同情的眼光看著你，其實真的不關他們的事，只是從他們的角度，覺得我很孤單。一個人睡覺，總是被旅社民宿分配到最邊角、畸零的單人房。一個人迷路的時候，沒人可以商量，這些都是必須付出的代價。

然而，一個人在路上，可以沉思，默默觀察周遭人情，喝口咖啡，寫點日記，有許多反芻的空間，讓人慢慢消化旅行中的感受，感受於是變得深刻。

旅行是我的任性時間，是我的孤獨時刻，是我的逍遙遊。

我相信自己是旅行運很好的人，就算開著一部老爺車，哪怕一路上修車，還是會遇見好人，總是會抵達目的地，更何況目的地是自己訂定的，隨時可以調整。

魔戒的「中土大陸」

覺得自己喜歡紐西蘭更甚澳洲，一時說不上來為什麼，雖然兩個國家毗鄰而居。

在倫敦，我的紐西蘭朋友薇琪單純直接，容易談心；而我最喜歡的探戈舞伴格雷，也是紐西蘭人，他舞藝精湛、帥氣靈活，總是把我帶得滿場飛旋。我對於紐西蘭因此有了「良好的」偏心。

坐在飛機上，就被鄰座的伊麗莎白邀請去她在威靈頓的家中作客，而我們才不過認識幾個小時呢！到了紐西蘭，一路上看見人們熱愛自然、友善環境的態度。這種開放與信任的特質，就如同紐西蘭自然而原味的景致。

從陶波開車到威靈頓，山路迂迴，東加里羅群山（Tongariro）美得令人屏息！幾乎每個轉彎，路邊就有觀景台供人停車、拍照打卡，欣賞美景。在這裡開車旅行，經常感受到紐國政府對於觀光發展的體貼與用心。自然風景沒有太多人為的干預，看不到落漆斑駁的圍欄護籬，森林裡也不會出現莫名的雕塑或人為座椅。自然之美就是素顏，湖光山色雲影已經足夠。

每次停下來拍照，我就想，這應該是地球最美的一角吧？但下個轉彎，又是新的驚豔，不斷刷新我對於美景的想像。一路上，不斷熄火停車，飽覽山景。

怪不得《魔戒》要在紐西蘭拍攝，英國作家想像中的「中土大陸」，火山峽谷、精靈國度，只有在紐西蘭能夠重現。

這裡的羊隻得天獨厚，不論是平原或山丘，羊兒如靜物點綴其中，享受天地靜美、食物豐饒。常見一兩隻羊單獨站在一片山坡或草原，從山的這一頭吃到另一頭，也不知道有沒有飼主，這麼一大片草地，可以吃個一整年吧？旅行中，沒見過牧羊人或牧羊犬，猜想羊隻們大約都乖乖吃草睡覺，不太要人管，也沒有偷羊者。

一路上，唯一的危險是風！

狂風獵獵，我的露營車在公路上晃得厲害，呈Z字型前行，時速一超過九十公里，就會抖顫。我緊抓著方向盤，深怕一個不慎，車子翻下山谷。

逐露營區而居的遊牧生活

如果一個小鎮，只待一杯咖啡的時間，可以認識這小鎮的一種面貌嗎？

我在旺阿努伊（Wanganui）停留、伸腿。是個美麗的小漁港，有河流蜿蜒，近海。

問一個容顏滄桑的婦人，哪間咖啡店最好，她看起來是會抽菸、喝咖啡的在地人。她說，前面轉角，長得像郵局的那家「Big Orange」。

走過去，「Big Orange」大門緊閉，門上貼著告示：「內部整修，暫停營業。」告示旁有另一告示，是老顧客留下的字：「It’s ok. But I miss my coffee.」

我判斷有誤，方才問路的女人，可能只抽菸喝酒，並不愛咖啡。

途經一個農莊叫「老麥當勞」。農莊待價而沽，養了幾隻中南美洲的草泥馬、許多牛，和一群鴨子。黃昏時，母鴨會帶一群黃色小毛鴨出來覓食，熟門熟路地逛進每部車駐紮的地方，喜愛動物的好心人，會餵牠們麵包、蔬菜或乾糧。

有幾隻小鴨特別好奇大膽，過來啄食我的手指，啄食幾回，發現味寡不佳，也不放棄，還是繼續跳起來，爭先恐後地啄。小嘴薄薄地，先大大地啄一口，再把我的整根食指放入嘴裡咀嚼，並不痛。牠們會長出小乳牙嗎？和小鴨們玩著啄食的遊戲，直到天黑，母鴨把小鴨們領走。

許多時候，開車抵達一個陌生村落已經黑夜，只能就近停泊，沒力氣上網查評價。這種時候，只要能洗熱水澡和充電的營區，都是好地方。

這天傍晚，到了 Lake Paringa 時，就是如此。力氣已經用盡，我看到路旁露營地的指標，就打方向盤轉進去了。偌大的營區，杳無人煙，只有兩部車停泊，車燈沒亮，不見半個人影。

我心想，這不是很多的偵探片裡「有事會發生」的場景嗎？貌似忠厚平凡的夫妻經營民宿，其實是合夥殺人的慣犯。沒有防備的單身旅客，在這樣一個人煙罕至的偏遠村落消失，沒有人會發現。

當然，我立刻就打消了這個念頭。一定是在英國看了太多的維蘭德警探（Wallender）劇集，每一集都會有人被謀殺那種。一個人旅行，已經不容易，沒必要嚇自己。

拿了食物去公共廚房做飯，空無一人的用餐空間，炒菜都有回音。我舒適地吃了一頓飯，又慢慢地洗了澡，露營區像是被我包場了，而且網路暢通。

看完 email，繼續在廚房喝茶，看蜜雪兒・菲佛主演的《真愛初體驗》（*Cheri*）。這位老戲精飾演二〇年代歐洲退休名妓雷亞，年過五十，依然風情萬種，顛倒眾生，聰明的熟女讓漂亮的小鮮肉雪黎毫無抵抗力，墜入情網。

看到正入戲，一個爸爸突然帶了兩個小男孩進來廚房。原來不是我包場。我捨不得停下電影，只好給三位男生做前情提要。

小男孩才六歲和十歲，爸爸帶他們來釣魚。這電影當然不是給小男孩看的，銀幕上正在上演激情戲，爸爸會不會想站起來遮住螢幕？我感到些微尷尬，不敢回頭去看那爸爸和兩個小男孩的表情。

男孩們吃完東西就倦了，電影還沒結束，父子便告辭回露營車去睡覺。很可能他們感到極度無聊，也或許他們和我一樣尷尬，畢竟孩童不宜。

幸好明天大家就不必再見面。這是各自露營的好處。

改寫家的定義

開車開到睏極，幾次在方向盤上打盹。昨夜無眠，因為電路又出問題，所有燈泡都不亮，暖氣也當機。我在車裡瑟瑟發抖，手腳都凍僵，睡不著。

決定今天提早到露營區休息，不開夜車。

隔壁的停泊的鄰居是來自威爾斯的瑪格麗特和史都華。

問他們，在紐西蘭看到這麼多山坡和綿羊，會不會想念威爾斯？他們說：「不論到哪裡旅行，我們看到的風景總像威爾斯！」

是因為威爾斯的經典畫面「山丘上的綿羊」，被提煉出來複製在紐西蘭嗎？還是「家鄉」在心中，所以，無論去到哪裡，他們總是看到威爾斯？

在紐西蘭，經常遇見伴侶或家庭一起開一部車，出來旅行一、兩個月，甚至半年以上。有些人在辭去工作、轉職之間，習慣出來「雲遊」，把車子開進大自然裡停泊，隔幾天再出發前往下一站。如果找到自己喜愛的地方，就乾脆停泊久一點。

露營，似乎是紐西蘭人最愛的充電方式。

整個紐西蘭就如同一座巨大的露營區，人們喜歡把簡單的家當塞進廂型車後車廂，就這樣逐湖而居，擇營而棲，過著簡單隨性的生活。把租屋退租，可以露營好幾個月呢！許多人並沒有華人「一定要擁有一個房屋」的價值觀。

車子就是他們的家，有家人和伴侶的地方，就可以營造出家的氛圍。

營區廚房裡總有大家分別留下、共享的佐料和油品。租車時，取車的地方便有一個區域，放置許多租客留下來共享的食材。我們享用前人留下來的東西，也留下自己添購的東西。這真是美好又友善地球的生活方式。

在營區，我遇過已經舉家在路上旅行三個多月，或是在特定營區駐紮超過一個月的人。營區可以淋浴煮飯上廁所，還有人打掃環境。

我發現，很少有紐西蘭人會真正租有衛浴設施的露營車，那是租給像我這種外國人的。紐西蘭人開自己家用車，便全國都能露營，到處走透透。

對於紐西蘭人，被辭職、被裁員、和情人分手，就利用機會上路旅行，這是轉換心情的一帖藥方。

露營比租房便宜，工作回頭再找。沒有必要被房貸綁死，從此而煩惱。

這是紐西蘭人的生活態度，陽光又健康，不鑽牛角尖。在大自然裡盤旋數日，聽風穿過樹林、觀星賞月、餵餵鴨子，生活靜謐簡單又快樂。有什麼過不去的地方，先拋諸腦後，過幾天，自然便會蒸發。

母牛和公牛的實境秀

還了露營車之後，來到北島一個座落在溪邊的民宿。民宿主人是英國移民的夫婦，珍妮和吉姆；他們的日常是看英國選秀節目，追英國電視劇集，吃英式早餐。他們的生活，對我來說，依然很英國。

我的房間有落地窗，是一百八十度的遼闊視野。Waitangi River 湍湍不息，水波粼粼，水流的聲音和鳥叫聲交織；「Waitangi」是毛利語，意思是「哭泣的水」。翠鳥在溪邊枯枝駐足，張開翅膀曬太陽，羽毛煥發美麗的七彩，黑背鷗輪番拍翅降落，在河畔喝水。

午後，透過望遠鏡看到公牛和母牛在草地交配，好像在看「探索頻道」的實境秀。公牛大吼大叫，奮力想騎上母牛後背，牠的那話兒紅腫飽脹，但嚴格來說並不大，只是尖細硬挺，和牠巨大的體型不相稱。

而那隻母牛並不理會公牛。牠繼續低頭吃草，往前移動，偶而回頭看公牛一眼。那個眼神究竟是鼓勵，還是無所謂？只有公牛了解。

交配過程草草結束，公牛只撐個五秒鐘，就滑下母牛的後背。這時候，母牛會轉頭，彎腰舔一舔那頭公牛的性器。這顯然是牛輩中溫柔的舉動。

可能母牛的發情散發特殊氣味，讓附近所有公牛也都發情了。遠近幾頭公牛，都陸續走過來尋找這隻母牛，並和牠短暫交配。

奇特的是，整個交配過程並沒有火爆爭寵，反倒是井然有序。這傳宗接代的事兒，彷彿例行公事，就在母牛吃草的時候完成了，也沒有看到做愛前戲，或是挑選伴侶的情節。交配的事辦完了，公牛們就陸續離開，剩下那頭母牛，還是低頭吃草。

這是河邊的自然生態。

不同於在乳牛農場裡，為了提升母牛受孕機會，並且控制生育的品種，一切採用人工受孕。一來是為了保護乳牛的安全，怕公牛壓傷珍貴的乳牛，二來是為了誕生更多的乳牛（母牛），於是進行「篩選性別精液」的受孕方式，好讓更多具有高經濟價值的乳牛誕生。

農場裡的乳牛或許一輩子都不曾有和任何公牛交配的「實戰經驗」！比起來，河邊的牛隻們好幸福，自然地交配、生產，沒有人為干預，小牛無論什麼性別都蒙受祝福。

黑背鷗和小水鴨

一早起床，到河邊看鴨子。河畔的草叢裡住著野鴨。昨天傍晚，一隻灰鴨媽媽，帶著小毛鴨出來覓食。牠們好可愛呀！小腳不停划水，沿路吃著小蟲子，我丟給牠們的葵花籽和南瓜子對牠們來說都太大了。

突然，河面一陣騷動，一隻黃嘴黑背鷗冷不防抓走一隻小毛鴨當早餐。鴨群聒噪，驚慌的母鴨趕緊鑽進河邊草叢。

眼睜睜看著小鴨就這樣被掠奪，我感到十分沉重。不知道被抓走的是那隻很好奇、總在最前方探險的小鴨？還是比較小心翼翼、總跟在媽媽後方的那隻？

無論是哪一隻，有個年輕可愛、前一刻還奮力划著水的小鴨消失了，被驟然的暴力奪走了生命。這是自然法則嗎？

母鴨上岸，四處尋找小鴨，慌張失措，一直叫，好像希望剛才的那一幕不曾發生。牠原本有四隻小鴨，現在已經被海鷗奪走三隻，只剩下一隻了。牠保得住最後的寶寶嗎？

黑背鷗這個殺手！我心裡浮現恨意。

昨天看似美麗優雅的海鷗，驟然變得面目可憎。因為一隻小鴨被攻擊，在天上盤旋的每隻黑背鷗，都令我起疑。我瞪著牠們，好像牠們也都是殺手，這敵意甚至擴延至整個黑背鷗族群。

只不過因為我昨天餵食小鴨，跟隨牠們到棲息處，看小鴨們嬉戲萌憨的模樣，於是對牠們產生保護之情。我不管黑背鷗是不是肚子餓，也不管牠們吃什麼。牠們可以吃小蟲子、小魚或甚至小鳥，但就是不能吃這隻已經與我產生連結的小毛鴨。

我曾經希望小鴨能平安長大，成為美麗的大灰鴨，在河裡悠遊。但是，這個念想在方才被粉碎。

整天，我的腦海裡都是那隻神色倉皇、哀傷的母鴨，小鴨離開了，我心中有一個洞。

黑背鷗在紐西蘭是不受到保育的鳥，牠必須自尋生路。而今，黑背鷗不過是為了自己的生存，而掠奪其他生命。話說回來，不論黑背鷗吃什麼，只不過因為我不認識那些黑背鷗吃掉的魚或蟲子，我就不會對牠們產生同情，也不惋惜牠們生命的消失嗎？

不過，關於自然法則，珍跟我說了另外一隻水鴨的故事。小鴨毫無自保能力，所以很脆弱，存活率就一定很低嗎？珍說不一定，要看母鴨。

去年有一隻跛腳的母鴨，牠帶小鴨帶得特別好，十一隻小鴨，其中有九隻存活，都長大成健康的水鴨。這隻跛腳鴨的基因會被流傳下來。

而眼前這隻母鴨比較粗心，不夠警覺，經驗不足，丟失牠三個寶寶，因此牠的基因很可能無法傳遞。僅剩的一隻小鴨，牠會不會變得更謹慎，學會保護自己？

我想起一個靈性導師布魯斯・喬伊，他說，他在非洲肯亞薩伐旅時，曾在吉普車上，看見一頭獅子正追捕一隻羚羊。車上的乘客都同情弱小的羚羊，於是督促導遊開車去驅趕那頭獅子，以保護羚羊。

「我們干預了自然。」布魯斯說：「沒有人會思考，那頭獅子失去這一餐，如何活下去？牠是不是得養活其他家庭成員？我們以為這是『保護』，我們以為自己站在『正義』的這一方。」

自以為是的「正義」，是個陷阱。如今，我正是因為自我的「分別心」，執著想要某個結果，拒絕接受另一個「結果」，我受苦了。看黑背鷗不再單純是水鳥，有了附加的情緒。

在離開紐西蘭之前，大地透過小鴨和海鷗，給我上了難忘的一課。

內在地景

II

在古堡摺一枚新月

伊麗莎白和我正試圖把蠟燭點燃，我們劃開一根又一根的火柴。火苗一閃即逝，入夜的風沁涼，這是我們的最後一根火柴。

「點著了！點著了！」她開心大叫，橘紅的火苗往上竄升。新月如一把彎刀，掛在墨色的夜空，夜晚十一點。我們偷偷摸摸在廷塔哲（Tintagel）的古教堂庭園進行一個祕密儀式。最好不要被任何人看見，否則，會被誤以為是巫婆，明天可能會上地方報紙頭條。

在墳墓之間進行的祕密儀式

為何選擇這個地點進行儀式呢？

伊麗莎白說，教堂庭院裡的這塊巨石，是亞特蘭提斯時代下沉到海底，然後又浮上來的石頭。這是具有神祕而古老記憶的石頭，它的能量很強大。這塊比我們兩人都高大的巨石，身上布滿貝殼的遺跡，顯然曾經待在海底。它又是如何從海底來到這個教堂所在？莫非是板塊擠壓，使我們的所在地浮出海面，形成陸地？若是如此，它可能見到亞瑟王朝的興衰？

對於亞特蘭提斯時代，我不熟。我的前世和傳說中的雷姆利亞時代比較有密切關聯，這個關聯，要等到我多年後造訪雪士達山才驟然明朗，不是在這個秋天。

伊麗莎白顯然有幾個前世是在亞特蘭提斯當祭司，她非常著迷這個傳說中的古文化，可以瞬間辨識來自這個古文明的事物。

廷塔哲是個充滿古老傳奇的小鎮，有個頗完整的古堡殘跡，位於英國西邊的海岸，隸屬康瓦爾郡（Cornwall）。傳說中，梅林魔法師（Merlin）便是在這裡使用魔法，讓亞瑟王子的母親受孕，日後誕生了亞瑟。但也是梅林的操弄，母親伊格萊恩（Igraine）受孕的對象，並非她的丈夫，是被梅林以魔法換臉偽裝成「先生」的尤瑟・潘德拉貢國王。潘德拉貢的英語「Pendragon」，意思就是「龍頭老大」。他迷戀美麗的伊格萊恩而不可得，因為她已經嫁給康沃爾公爵戈洛伊斯（Gorlois）。梅林的手段當然非常具爭議性，他為了讓亞瑟王能夠順利誕生，並且被位高權重的男人撫養，以便完成他日後統一大不列顛諸國的千秋大業，不惜違反道德倫常，無視於伊格萊恩的意願。

魔法在梅林手中亦正亦邪，為了獲得最後的結果，所有的手段都可以使出來。即便如此，從英國人對於梅林的崇拜，以及對於亞瑟王傳奇的迷戀，結果論還是贏了。

海邊的巖洞當中，有個最寬敞而舒適的巖洞，就命名為「梅林的洞穴」。據說梅林最後是在此度過餘生。許多從事療癒的人，或是研習魔法的人，喜歡來這裡進行祕密儀式。的確，這洞穴說不定可以穿越時空和維度，巖洞裡的能量很純淨。能不純淨嗎？海水每天都會在漲潮時分，湧入洞裡，把一切帶入大海。

梅林的巖洞是天然的擴音室，在洞裡吟唱，回音悠遠纏綿，仙氣飄飄。祈求大海把一切雜蕪帶走，讓自己恢復純淨無邪，是走進這個洞中，自然而然會想做的事。

這個小鎮的古教堂，四周都是墳墓。應該說，英國小鎮的老教堂周遭，經常是教友們的「永久安息之處」，廷塔哲的教堂也不例外。白天這些墓碑就在環繞教堂的大樹庇蔭之下，井然有序地立著，每個墳墓分配到的土地大小都差不多，並沒有任何富麗堂皇、占地特大的墓地，我覺得挺好。有些年久失修的墓碑，傾頹在地，也沒有人特意去扶起，或許後代子孫不濟。但是到了夜晚，教堂闇影幢幢，就多了一種曖昧和詭異，新月的光線稀薄，然而，我們兩人膽子都不小，所以心中是鎮定的。

古井邊的巫婆們

伊麗莎白和我其實是三天前才認識的朋友。

三天前，我心血來潮，突然決定從倫敦開車六小時，來到這個遠在西邊的康瓦爾小鎮廷塔哲，因為無意中看到一本書，書中幾張帶著神祕色彩的照片，在召喚著我。

抵達時，已經接近黃昏。我把車停在古堡不遠處，就開始爬山崖，繞了一大圈才到古堡的另一頭。早已過了下班時間，古堡沒有人看守。我跨過象徵性的鐵鍊，繼續往山上的廢墟前進。

就在一片矗立的斑駁城牆之下，有三個衣著古怪的人圍著一口古井，他們在做什麼呢？其中有個高大的女人，身著白袍，手拿魔杖。啊！是女巫在作法吧？我興奮地跑過去。

他們三人安靜地把手放在井口邊緣，我看到圓圈明顯缺了一角，於是我向前把我的手也放上去井口，絲毫沒意識到這樣做很魯莽。他們三人看我一眼，沒有人發出任何抗議的聲音，似乎我的到來是理所當然。

然後，白袍女人驟然開始吟唱。吟唱，這我最會了，我很快地也加入我的合音，大學參加合唱團，讓我很喜歡為別人合音。即興吟唱結束之後，白袍女念誦一串像是咒語的古文，我聽不太懂，但大約知道是某種祈禱。

接著，大家傳遞一個玻璃瓶裝的藍色水，每個人輪流往井裡謹慎地倒一兩滴。輪到我了，我拿著瓶子，力道過猛，一下子倒了三分之一瓶的藍色水。

後來我才知道，瓶子裡裝的是脈輪治療用特殊配方的香氣療癒水，是那時候剛剛被研發出來的一種芳香脈輪療法。這一小瓶藍色的水，當時在網路上要價至少八十英鎊，我剛剛「不小心」倒了三十英鎊的能量水到乾涸的水井，一時之間，整個空氣中瀰漫著美妙的香氣。

這個儀式是為了什麼呢？我莫名參與了，卻毫無頭緒。

儀式結束後，所有的人都過來擁抱我。他們叫我「姊妹（sister）」。「姊妹，我們等了妳好久。剛剛儀式遲遲不能進行，就是因為我們在等妳到來。」

我以為的臨時起意，竟是一群人的等待和召喚而來？

疏通地球母親的經絡

後來，比較完整地聽到整個故事，才知道，他們剛剛的儀式解放了一個被困在古井裡的仙子，歌唱、祈禱、咒語，以及藍色芳香水，都是為了讓這個仙子得以離開這個枯井，重獲自由。而且冥冥之中，我是不可或缺的那一塊拼圖。

主持儀式的那個高大女子是詩凡，她果真學習過魔法，是個巫師。她原本擬定在週三就進行古井的儀式，然而她的指導靈要她等到週五，也就是我抵達的這一天。（指導靈是通靈者的用語，表示正在靈界傳遞訊息給她、教導她的人。）

這是我在英國第一次遇見真正受訓過的巫師！她會法術嗎？她唸的咒語肯定有效力吧？我對她充滿好奇。

要知道，英國在中世紀有很長的黑暗歷史，獵殺了無數的女巫，然而這些女人多半只是女療師，具有一些草藥的知識和直覺能力，只是由於她們的特殊能力而被污名化，並且被獵殺。人們對於他們不解的神祕事物，總是容易懼怕，於是加以迫害。

傳統凱爾特（Celtic）的巫師訓練分成三個等級：一，吟遊詩人（Bard）；二，奧瓦德（Ovate）；三，德魯伊（Druid）。德魯伊是最高階的巫師。

詩凡尚未完成最高階德魯伊的訓練，她做的事比較接近奧瓦德。據我所知，奧瓦德是中階巫師，研習自然哲學、預言占卜與醫藥知識。他們的工作主要是連結自然與靈性世界。而這就是為何她來到世界邊陲的古堡，拯救一個水井裡的仙子。

詩凡是個英法混血兒，她在大自然中遊走，步行至山巔海角進行儀式與祈禱，疏通大地能量受阻的地方，這是「大地療癒」（Earth healing），她可以感受到自然或精靈的召喚，於是，解救被困的仙子和精靈也是她的任務之一。

凱爾特的巫師非常貼近自然，因此，他們的儀式或是魔法，也經常會應用到大自然中的元素，譬如：羽毛、水晶、樹枝、石頭、月亮或太陽等元素⋯⋯。

他們相信地球母親的身體有經絡，而且這些能量渠道，也會因為種種因素而阻塞，因此就如同人們去做經絡理療疏通身體一樣，大地也在尋求療癒者為它進行能量疏通，以便恢復循環與活力。

我曾經買過一份地圖，標示出英國的「ley lines」，以中文來說就是「地脈線」。地脈線常和歷史的古道重疊，或許，從中國風水所謂的「龍脈」來理解它的重要性更容易。

有趣的是，許多古蹟、遺址、老教堂似乎都建構在這個大地的經脈上，或許冥冥之中，它所散發的能量，引來許多的建築和聚落，以便獲得更高能量的加持。

我覺得詩凡他們這些人在做了不起的事，卻罕為人知。他們很低調，默默在自然的背景中，縫補大地的傷口，為地球療傷。雖然不是漫威中那種拯救世界的超人英雄，但我覺得他們是踏實的人間行者。

而我在不知情之下，闖入了他們的神祕儀式，貢獻了我的一點能量，還有歌聲。也就這樣，我認識了一同進行儀式的伊麗莎白。

伊麗莎白是個南非來的律師，原本在倫敦的金融界工作，卻因緣際會放棄了高薪正職，成為生活樸素的塔羅牌占卜師，從繁榮的都市搬遷到海邊寧靜的小鎮。她的生命經歷著了天翻地覆的變動。

我們因此一見如故。

失而復得的彎刀

一般說到巫師，總會令人聯想到黑貓。然而，陪伴伊麗莎白的卻是兩隻黑色貴賓犬。伊麗莎白並非巫師，她的天賦是通靈者。她經常在解讀塔羅牌時，為他人傳遞訊息。

「文森很靈敏，牠會保護我。」就這樣，文森和伊麗莎白形影不離，成為她的守護者。儀式進行到一半，文森突然狂吠，往黑暗中衝過去，彷彿要把什麼異物趕走。我們知道有看不見的訪客來干擾，但被狗狗趕走了。別看這兩隻小貴賓個頭小，牠們在緊要關頭，還真的會護著伊麗莎白。

回頭來說說我們進行的儀式吧！這個儀式是因為我的一個夢境而起，而我來廷塔哲是為了斬斷情絲。這個關係對我日益損傷，而我想離開的情人艾許，是個伊朗人。

夢中，我在尋找一把伊朗買回來的彎刀，到處找不著。後來艾許找到了。原來，彎刀被放在沙發下，它還包裹著原來的油紙，刀刃被硬紙板封住。彎刀回來了，我非常高興。我上樓時，一個髒兮兮的小小孩跟了上來，他穿著學校制服，白襯衫。他不會說英語，指著他襯衫的釦子，我看掉了一只鈕釦。於是，我找到一個鈕釦給他縫上，他用法語對我說：謝謝。

我們要利用新月這把彎刀，來告別這段關係，斬斷情絲。而這正是為何我們在深夜的教堂，進行儀式的原因。

我是個戀愛腦，容易深陷不健康的關係。藉由儀式，一個超越自我的神聖力量，希望我能走出自我建構的牢籠。

＊＊＊

說也奇怪，儀式結束之後，回到倫敦。過了一些日子，我才意識到，我很久沒有想起那個伊朗人艾許了。我刪除了他的資料，不再聯絡，終止糾纏。那個儀式把這段感情從我的系統中「退出」。對於自己曾經如此為他迷戀、痛苦，感到十分詫異。那個莫名的吸引力確實被斬斷了！我的頭腦清醒，心也明亮。

可能是古堡的那口井，可能是梅林巖洞裡的淨化力量，也可能是新月的儀式，我不知道。

總之，我和伊麗莎白成了莫逆之交，兩人後來還一起在廷塔哲帶了療癒的工作坊。我想，在很久很久以前，我們或許曾是中世紀一起遭受迫害的女療師，俗名「巫婆」。

推敲起來，這一趟意外的旅程，似乎讓我的某些記憶和能力復甦了！相較於其他「世俗人士」，這些行事與衣著皆怪異的「姊妹」們，令我感到更親切與放心。

後來，我又開車回到廷塔哲好幾次。每次人生感到困頓、鬱悶、需要重啟系統，我便想要回到這個海邊的小鎮。爬上山崖眺望大西洋，沿著山脊走一下午，累了就躺在岩石上吹海風，曬太陽，跟世界保持一點距離。偶爾，我會想起詩凡，不知道她此刻是否還拿著魔杖，在地球的某處釋放被困的仙子，為大地療傷？

或許，千百年前，我曾經在某個巖洞或山崖上，望著深藍的海洋，思索生命的方向，那時候，我的眼睛是什麼顏色？

詩人與禪師

一行禪師緩步上台，脫去鞋子，在台上慢慢踱步，像貓一樣輕盈。看他走路，先是腳跟著地，再溫柔地放平腳掌，等這隻腳安穩落地，才舉起另一隻腳。那麼穩當俐落，就算路面崎嶇，被他這一走好似也就平順了。他說，人生就是走一段路。Life is a walk。

身披褐色布袍，頭戴褐色毛帽，帽子摘下，露出光潔的頭顱，分明是瘦小孱弱的一個八十四歲老和尚，身高不及我，混進人群也不會引起注意。可是，他一踱步、一說話，嘩嘩人聲驟然止沸，空氣的塵埃靜靜飄落。

在英國的諾丁漢大學裡，近千人齊聚的廳堂，緘默如深海，平靜的力量無遠弗屆地蕩開來。老和尚用一種閒話家常的語調談地球的永續，講人生處世，他能譬善喻，精深的佛理織入簡單的故事裡，我們聽得渾然忘我，平日拉扯的思緒消散，就那個故事在心上盤旋。像我這樣記性不好的人，記得故事，也就明白了道理。

都說「佛門深似海」，一行禪師卻不是關上佛門修行的出家人。他十一歲在雜誌封面上看到佛陀的畫面，佛陀在陽光裡趺坐草地，面容祥和，他被深深吸引，想要佛陀臉上那朵寧靜的微笑。於是，十六歲時他拜別父母，剃度成了小和尚。師父給他一冊詩集，要他熟記五十一首詩，助他修行。有一首詩給刷牙，一首詩給小便，連汲水、煮飯都要默一詩。詩歌嵌進生活諸事，時刻提醒他安住當下。

小和尚日後成了詩人，寫了百來首詩，出版了八十多本書。

五、六〇年代的越南，硝煙四起。先是爭獨立自主，與殖民的法國打，緊接著南北越又因意識形態分裂而戰，中國、美國的強行干預讓情勢更加混亂惡化。暮鼓晨鐘外，砲彈滿天飛。

有天，法軍的吉普車開進寺院，法國大兵拿槍指著他們，要寺中所有的存糧。師父派他去把米穀一袋袋扛上車，法軍走後，他坐在蕭索的庭院哭泣，夕陽像是砲彈炸開那一般紅，寺中存糧淨空，師兄弟們晚上都得餓肚子。但他心中無恨。他見那個士兵消瘦疲憊，離鄉背井，在異地打一場無望的戰爭，不是殺人就是被殺。

這是讓人心裡扎下百孔千瘡的一頁黑暗歷史。越南人民在不同黨派、意識形態夾殺下，前仆後繼，鬧革命打游擊。苦的是在混戰中被砲轟彈炸的無助百姓。短短十數年，越南死亡人數計三、四百萬人，而以自焚抗議迫害的僧人則多達三十人。

造成人類史上最大傷亡的從來不是天災，是人禍。

不忍百姓受苦，越戰期間，一行禪師和許多僧人深入叢林送救濟品，好幾次差點死於流彈。他主張停戰，宣揚和平，不願依附任何黨派，這讓他同時被南北越政府疑為敵人。有一回，手榴彈擲入他的禪房，被窗簾彈出院子，保住一命。可是他的師兄弟和學生們，許多人因此喪命。曾經，他抱著師兄弟的屍身徹夜大哭，寫下悲悼的詩句：

昨日我流的淚，都化成雨水……
抱著兄弟的屍身，我走過黑暗的稻田。
親愛的，大地會張開雙臂將你緊擁入懷，
明天你將重生為一叢花，
在清晨的田野裡安靜地微笑。

戰爭中，所有的人都是輸家。南北越戰是自家兄弟打自家兄弟。詩人眼中，被硝煙摧毀的家園是心碎憔悴的母親：

我對著被火焰吞噬的黑色家園道別。
這是我的胸膛，舉起你的槍，射吧！我的兄弟。

我給你我的身體，這是我們的母親生育的身體。
如果你要，就毀了它吧！
為了你稱之為夢想的東西，毀了它吧！

在那個時代，「和平」是哽咽在喉、吐不出來的字；提倡和平或反戰者，即刻會被貼上「共產黨」的標籤。一九六五年，詩人在紐約寫信給馬丁・路德，敦促他反戰：

我們對抗的真正敵人不是人類，而是在人心之中
的法西斯主義、專制、貪婪、仇恨和歧視。

馬丁・路德受那封信感召，開始公然積極反戰。反戰聲浪滾沸起來，席捲美國。美軍最後撤出越南，可以說是一行禪師撒下的種子。不過，家鄉後來還是淪陷了，這次不是帝國主義，是共產集權。

禪師回不得家，輾轉到法國定居。我不想用「流亡」這政治味濃郁的字眼來形容禪師的處境，因為他走到哪裡都是安適的。家不必在越南。家，在腳下這片土。

說完這一段往事，禪師坐下來，捧起茶杯，喝一口，望向窗外。我仔細察看他的臉龐，想找出昔日詩人悲愴的痕跡，可那眼神淨空如潭水，什麼也沒有。早上的霧氣散去，

烏雲後探出半個金色的太陽。

去國四十年，詩人胸中的烈火，不再悲壯激昂，沉澱為一盞既亮又暖的燈焰，不扎眼也不燙人，只是把許多人引了來，追隨他一同走。

禪師張開懷抱，接納所有宗教和種族，認定那些都只是標籤。他一再強調，放下所有的意識形態、教條和主義，就連佛教也可以放下。得了魚，可忘筌。基督教的天堂和佛教的淨土，並不在往生之後，而在此刻腳下這片地。

我們行走於上，步步都是抵達，時刻都是開始。詩人想改變的不再是越南，而是人類的處境。詩人蛻變為禪師，禪師裡還住著詩人。

在英國諾丁漢校園裡，跟隨禪師「行禪」（Walking Meditation）。數百人迤邐徙徙如一條緩慢的河，流經蘋果園，漫入原野丘壑。禪師在及膝的白芒草間盤坐，大夥兒也圍著他坐，都安靜不語。

藍天裡綴幾朵白雲，草原散發昨夜雨露濕潤的氣味。我們看禪師，望雲，對身邊不知是什麼教派的陌生人微笑，陽光盡情地撒下。沒來由的快樂把心漲滿了，繼續氾濫整座草原。

後記：一行禪師（一九二六年至二〇二二年），越南法號是「Thich Nhat Hanh」，意思是「優秀的行為和正確的行動」，此為「一行」由來。（英文詩集 *Call Me by My True Names* ／中譯本《請以真名呼喚我》，大塊文化出版。）本文中的詩，為作者翻譯自禪師的英文詩集，非取自大塊文化出版的中譯詩集。

這個字，你認識嗎？

《新天堂樂園》看了兩次，第二次純然是為了看那場戶外電影的盛會。義大利南方小鎮裡的影迷，老老小小提著椅子，在爆滿的戲院門口吵嚷、哀求著要看電影，然後，那場戲來了——我把背緊抵著座椅，屏息凝視銀幕裏，放映師艾弗列多緩緩移動投影機，於是，魔幻般的影像無聲地穿牆過壁，投影在對街的牆上，影史上撼人心弦的巨大銀幕，在夜色深藍的襯翼下展開。

義大利人最心愛的諧星塗了白粉、狀甚無辜的丑臉，在高樓泥牆上向佇足的市民們眨眼，晚風中流竄著管不住的笑聲，放肆、開心⋯⋯，這不正是 Duran 的夢想？

結識 Duran 的第一天，我們便是坐在 Stony Brook 的校園廣場中聽一個爵士樂團演奏。秋日午後，天空乾淨得像是不曾被使用過，他遞過來一杯可樂，羞怯地笑笑，美麗的藍眼旋即瞟向遠方，好像多瞧我兩眼他就會洩密似地。可是，一談起電影，他忽然像沸騰的開水一般，操著我來不及聽懂的英語，滔滔不絕，藍眼狂野得像在熱戀中的情人。以後，每回在課堂上看見史特林堡（August Strindberg）的肖像，總不由得想起他，那是一雙蓄滿鬥志、不羈的眼神，炯炯有力地攫住你的思維！

他告訴我，將來想在這廣場上扯掛起巨幅的布幕，露天放映他自己的電影作品；他把雙手攤開比劃著，「從這一頭到那一頭的大銀幕喔！只要克服一點技術上的困難就成了，投影機大約放在那裏……。」閉上眼，我看見 Duran 的電影在繡滿星星和黃綠寶石的夜幕上演，他在一旁穩穩操控著投影機，月光描出他狡黠的輪廓……。「可是，萬一下起雨來怎麼辦？」我問。他沒好氣地瞪我一眼。

在那之後，我們彼此慎守著這個關於電影的小祕密，成為交淺言深的朋友。我著實費了好一段時間，才逐漸適應他濃郁的西雅圖北方口音。還好，他很寡言。

開學後，我們逐日生分了，各自為生存而拚鬥。我是班上唯一的外國人，戰戰兢兢、如走高索的滋味難以言喻；Duran 則更是窘態畢露：遲到、缺課，又不善言詞，一著急就臉紅。那一陣子，總見他推著借來的腳踏車，套件油污的 T 恤，瑟縮著行經廣場。他累垮垮的，像匹了無興致的騾子，為了籌措昂貴的生活費，不斷換工作。

一天傍晚，偌大的研究生辦公室就剩我們兩人。聒噪的海鷗鼓翅掠過淒清的廣場，是冬天了，夕陽一晃眼便沒入槭樹林暗褐的餘蔭。我推開手中繁重的劇本，抬眼逡巡Duran。他的藍眼褪色了，慘淡呆滯地盯著行事曆。

「Duran，你還好嗎？」我怯怯地問。

「不，不好。」他搖頭苦笑。「妳呢？」

「我也糟透了！我能幫你什麼嗎？」我走向他。

他忽然雙頰緋紅，含糊地說：「Would you give me a hug?」

「什麼？」我沒聽懂。他更難為情了，找出我的英漢字典，翻檢出那個字，他迫切需要的字，指給我看：h · u · g，擁抱。

真是痛恨言語的笨拙和遲緩，丟下字典，我轉身緊緊擁抱他。溫熱的感覺嗆得我滿眼是淚，這才發現他是這麼單薄的一個血肉之軀。他垂頸俯靠著我，像被閃電擊中的枯樹一般，全身的骨節顫慄不已。我拍撫著他的背，覺得乏力又十分僥倖，在荒涼完全征服世界之前，我們還有彼此。

好一會兒，Duran 的氣息和緩了，放開我，他的藍眼像剛刷過的藍寶石，稀釋出一朵神祕的笑。

我不敢再和 Duran 談電影了，那是唯一令人高興的事，可沒把握抵得住生活裡的真槍實彈。

學期還沒過完，Duran 就從校園裡消失了，廣場覆著厚厚的一層雪，松鼠也不再出來覓食了。

來自星星的訪客

夜晚，從舊金山機場開著出租車，到最近的小鎮薩克拉門托（Sacramento）過夜，竟然迷路了。不過短短四公里路程，開了半個多小時。

我本來就是路痴，在陌生國家開車特別緊張，常常南北顛倒、東西逆反。但是這機場的標示肯定有問題，在機場的外環道路，我像是鬼打牆，一遍又一遍地繞，就是上不了公路。也好，就當是在夜間練車，這出租車是最新款的Nissan，台灣還沒見過。

終於在九點半摸黑抵達預訂的民宿，民宿主人南西和兩隻狗出來迎接我。小狗馬可仕，是調皮的梗犬和臘腸狗的米克斯；大狗莉莉，則是一隻十二歲的老牧羊犬，溫柔端莊。莉莉原本的主人兩年前病逝，南西看見莉莉哀傷的眼睛，不忍心，於是撫養了牠。南西是那種心軟軟的大地之母。

我的房間溫暖舒適，散發柑橘和薰衣草混合的薰香，雖然不大，但我安心地睡了一個長覺，彌補長途飛行的勞累。

一早醒來，被單上有一泡尿，是馬可仕上來打招呼。

午後，驅車前往雪士達山，陽光明媚，公路平滑，開了三個多小時，順利抵達雪士達山腳下的小鎮。民宿主人是一對夫妻，瑪卡和喬伊。

瑪卡金髮碧眼，高眺美麗，是個德國人，學習薩滿；喬伊從事療癒教學和工作，發展出獨門的脈輪預言技巧，擅長針對信念工作。真巧，原來是做助人工作的同行，雖然使用的手法不同，我們三人一說起療癒故事，就喋喋不休，最後決定隔日要交換療程。

小鎮僅有兩條主要道路，商家不多。超市兼賣藥品，書店兼賣水晶，還有簡餐咖啡素食店，居民和旅人混跡其間。

走進咖啡館吃午餐，和鄰桌的人微笑招呼，很容易便會產生類似這樣的對話：

鬍子男：是什麼把妳帶來這裡？

我：山上的積雪。你呢？

鬍子男：揚升大師聖哲曼（St.Germain）引導我過來的。

我：來做什麼？

鬍子男：自我追尋和療癒。

這樣的陌生人對話內容，在美國任何其他地方，應該都會很唐突，在雪士達卻是日常生活。彷彿來到這裡的人，必然會認識聖哲曼，知道什麼是揚升大師，也必然理解所謂的「自我追尋」，這是常識，無須多做解釋。

聖哲曼之火可以除心魔

聖哲曼是誰呢？神智學相信，上帝一開始創造了七道光，這七道光分別是七個神聖的存在，代表神的七種屬性，對應到人的七個脈輪，其中，聖哲曼是代表頂輪的揚升大師。每一道光和屬性都有相應的顏色，紫羅蘭是聖哲曼的代表色。因此，聖哲曼的紫羅蘭之火，具有強烈的淨化力量，可以焚燒阻滯的能量，將一切轉化為紫羅蘭之光。

當遮蔽智慧的能量被清理，內在的智慧就會顯現。於是，當我們召喚紫羅蘭之火及光，我們也就邀請聖哲曼的神聖意識前來協助。

光，是頻率。不同顏色的光承載不同的訊息，可以應用在療癒上，調頻能量，改變意識。

在我熟悉的能量心理療法中，有個轉變能量的手法「切除臍帶」（Cutting Cords），這是源自薩滿的練習：使用意念，把糾纏你的能量連結臍帶切除，連根拔出，最後再運用聖哲曼的紫羅蘭之火焚燒掉這些臍帶，將它們轉化爲光。

「切除臍帶」真是神奇又好用的能量療法，可以斬斷與不當關係的連結，也可以消弭某個揮之不去的氛圍或場景的糾葛。能量臍帶雖無形，破壞力卻久遠、頑強，一不小心就會周而復始，持續影響一個人，把一個人的精力耗盡。

譬如小時候的某個情境，大人灌輸給你的某個錯誤觀念、創傷事件等等，都會形成捆綁著我們的能量臍帶，繼續輸送那個負面的感覺、氛圍、想法或態度給我們。

不論你認不認識聖哲曼，紫羅蘭色的火光都是強大的淨化力量，是斬心魔、除內障的好幫手。歷史上，聖哲曼確有其人，他最常被提及的身分是十八世紀的鍊金術士和伯爵，然而傳說中，他還有許多前世身分，譬如著名的學者法蘭西斯・培根、梅林魔法師、耶穌的父親喬瑟夫……。這些傳說自然無法被證實，不過，紫羅蘭色之火的轉化力量，我自己和個案有很多臨床體驗。

雪士達的神話和寓言

冬天的雪士達山神祕潔淨，有如通往另一度空間的閘口。山頭上的皚皚白雪，在晨昏暮靄時刻，遠看有如祥光四射，彷彿從地底泉湧而出的金光，自山頂流淌而下。怪不得所有的傳說都堆疊在雪士達。

這裡吸引了雷姆利亞（Lemuria）古文明的朝聖者、印加薩滿工作者和揚升大師追隨者，許多人自稱在此看過精靈、仙子、外星人⋯⋯。古老的傳說和最先進的飛碟，都對雪士達情有獨鍾。在集體潛意識中，雪士達提供了各種層面的救贖。神祕費解的事件，層出不窮，更令它深不可測。

在雪士達的針葉林中漫步，只見天地寂然，雪地吸納了所有聲音，松針上掛著晶瑩如鑽的水珠，在陽光折射中閃爍著彩虹光。世界那麼安靜，只有雪地上的步履，如果停下來，你可以聽見雪融後，自松針上滴落的聲音。

我彷彿在等待什麼，我想要遇見誰呢？這些擦身而過的人，他們找到了所追尋的自我嗎？

隔日，瑪卡和我交換療程。她帶領我進行一個薩滿儀式的旅程（Journey）。她是個通靈者，習慣依賴直覺行事，神速幫我清理所有附著的前世業力、過去時空的殘留印象，以及我累世所立下的合約（contract）、執念、咒語⋯⋯。

她的工作方式雖頗有效率，美中不足的是無法驗證。我對她上述的這一切並沒有太多共鳴，因此對於它們是否真的被清理，也感觸不深，無法比對前後效果。

我則是幫瑪卡探索她的聲音障礙的緣由。她說喜歡唱歌，可是聲音被鎖住，出不來。根據診斷，這是一個前世的創傷所引起的障礙，我幫助她想起那個故事的因果，之後平衡創傷當時的能量。瑪卡很開心，她說，她感覺喉嚨舒展開來，可以好好唱歌或教學了！

瑪卡被綁架

在治療當中，瑪卡提起前幾年經歷的創傷。原來，她在德國時，曾經被外星人綁架，帶進太空船多次。一開始，瑪卡覺得好玩，不以為意，甚至覺得自己被選上很特別，能夠成為太空飛船的訪客，是別人沒有的經驗。直到後來某次，外星人不僅把她帶去做研究和測量，還把一個能量束植入她的身體。

那次之後，她的能量變得無比混亂，頭腦無法清晰思考。她的日常秩序崩毀，她知道哪裡不對勁，可是毫無辦法自行恢復。像是電腦被植入病毒，系統無法重新啟動。

瑪卡到各國尋訪療癒者，想要移除被植入她身體的能量束，經過多次失敗後，她終於在巴西找到一個療癒者，幫她處理被外星人植入身體的東西，結束她為期長達兩年的混亂與狂躁。接著瑪卡來到美國，開始學習薩滿，成為療癒者。我想，某種程度，她是想要薩滿的力量來保護自己吧？

然而，在眾多城市，她選擇了雪士達，這個傳說中最多外星人出沒的地方，會不會在心裡隱密的角落，她依然被外星人深深吸引著？

午夜夢迴，瑪卡還會夢見她被綁架的太空船和那些奇異的外星訪客嗎？在她非自願的交流之中，她感受到的是惡意或善意呢？

不知道為什麼，我總感覺瑪卡的心中有裂縫，讓她無法全然在這裡，有些時刻，她似乎心不在焉，不知靈魂飄去哪裡。雖然努力過著日常生活，做果醬或晚餐，但是那個裂縫無法完全被填滿。

森林中木屋的祕密

在瑪卡家待了幾天後，我便搬去雪士達郊區的一個農舍居住。農舍座落在森林裡，腹地很大，有空曠的草原，圈養了一群羊，羊的耳朵長長地垂在兩旁，十分可愛，是農場的寵物，不是食物。

主人溫蒂不見蹤影，我只得自己自足，先 check in、搬行李。我的房間好寬敞，中間有張大大的雙人床，睡覺不再怕滾下床。不過，屋裡冷如冰庫，我凍得牙齒打顫。

公共空間的客廳裡有個火爐，旁邊堆放劈好的木塊。我想生火取暖，然而，一直不成功。原來生火並不容易，得要耐心和技巧。首先把小樹枝堆放好，給它們空隙，才能點著火。然後，使用一個專門「搧風」的風箱器具，輕輕地呵護你點著的火，力道得恰到好處，太輕，火會熄滅，太猛，火一下就燒完樹枝，但木頭尚未點燃。

不過，一旦火點著了，木頭在火爐中嗶嗶剝剝燒起來，慢慢燒成炭，屋子就整個暖洋洋地，令人想捧一杯熱茶、在腿上蓋著毛毯，讀一本書！

來到溫蒂的農舍之後，就開始不斷做夢，夢境奇異又真實。就連冥想，都有意象浮出水面。一天晚上，我做了一個清醒夢：

我所在的陸地即將下沉，我的家人都先離開了，但我決定留下來。我是女祭司，我的職責是陪著大家，直到最後一刻。在眾人的睡夢中，我唱歌安撫靈魂，直到陸地下沉到海底。心中悲傷萬分，卻無法做什麼來改變這個結果。

我記得我唱的那首歌的旋律，也想起自己的名字。

醒來時，我不斷哭泣。我想起我當時有個哥哥，他很疼我，家人都希望我和他們一起離開。

終於知道為何這一世，自己如此怕水。更準確地說，是怕海。我可以在游泳池游泳，但不能浸泡在海水裡；我無法學習潛水，一會兒都不行。

曾經有朋友花一大筆錢為我請來最優秀的潛水教練，教我潛水。朋友是潛水高手，在南極潛水搜集海底生物標本、做研究，而他的教練在考艾島（Kawaii）外海教我潛水。

我們先在游泳池裡，揹著氧氣筒練習，這我沒問題。然而，一進入海裡，我便恐慌症發作，彷彿瀕死經驗再度襲來，無法呼吸。多虧教練馬上把我拉上船，然而，我從此不敢學潛水。

來到雪士達，我記起自己是雷姆利亞人那一世，在驚恐與哀傷中，目睹眾多靈魂寂滅，跟著陸地一起沉入海底。

海裡，被一望無際的水包覆的感覺，有我靈魂的創傷後遺症。

書店裡的密室

隔天早上，我跟主人溫蒂說了這個奇特的夢境，她立刻雙眼放光。她馬上給了我通關密語，叫我去找鎮上賣水晶的書店。我去了之後，一說通關密語，書店男主人立刻引領我到書店的另一頭，推開在牆上一個隱藏的密室之門。

門裡別有洞天，四處是聖哲曼大師相關的收藏物件和畫片，還有一台電視，播放著接收到的「訊息」。訊息是透過「星語」傳遞，那是一種頻率，沙沙聲如白噪音，書店主人說，只要對著銀幕觀看、冥想，潛意識就會自行解讀訊息，接收到聖哲曼的療癒。

我看著銀幕，其實沒有太多想法，既然有這麼奇特的因緣，我便祈求聖哲曼的紫羅蘭光療癒我的靈魂創傷後遺症。就這樣，我單獨在密室裡靜坐了三個小時。從書店出來之後，只覺力氣放盡，回到農舍倒頭就睡。

這事之後，溫蒂就把我當「自己人」了！

她帶著我到農舍外面的曠野，走著走著，突然說：「今天好不尋常，沒有看過這麼多太空船同時來造訪，此刻，天空擠滿了太空船。」

太空船？在哪裡？我抬頭只見風起雲湧，許多形狀奇特的積雲堆疊在天空，好像電影上龍捲風的前兆，北加州冬天當然不會有龍捲風。溫蒂又指向天空中近乎圓形的卷邊雲：「那裡就有一艘飛船，啊，還有那裡……」她往右指向另一團厚重的毛邊雲：「妳只要多練習調頻（tune in）就可以看到那些星際來造訪的太空船。」農舍當中的曠野，是為了讓飛船能夠安然降落。

這當然不是尋常的民宿主人和客人之間會出現的對話。溫蒂知道我這兩天有了一些神奇的夢境，她才開始坦承她和外星人接觸的「現在進行式」。

「最近一次是前天。」溫蒂說：「我在飛船上待了好幾個小時。」她這麼說時，好像她只是到附近的咖啡館待著，沒什麼大不了。但是從飛船上下來，她會很累，回到地球上，能量必須轉換調整頻率，需要長睡幾小時。因此，她無法來民宿見我。

這一天，溫蒂帶我去參觀座落在農舍另一端的屋子，那是她和來自世界各地的朋友們聚會、冥想、分享外星事務的地方。她說，其中有個英國來的女人莎拉，她身體裡面住著的是外星人。

那原本的莎拉去了哪裡？溫蒂沒有回答我，只說這是莎拉和那個外星人的協議，她同意讓外星人使用她的身體，以便進行任務。這是什麼約定？為期多久？

在我學習的「生命中心療法」（Life Center Therapy)，把被外星人綁架、植入、直接進入這些事件，都當成是「創傷」來理解。當你的身體被外星人的意識進入，而且取而代之，想必會有創傷。

但是莎拉似乎不這麼認為。希望這真是雙方自願達成的協議，是地球人和外星人的友好協議，而不是強行占有。我想起瑪卡的故事。

我更好奇的是，溫蒂的任務是什麼呢？她把身體留在家中，意識飄到飛船上去進行偵查，是為了什麼？她在偵查什麼？溫蒂身體裡也住著外星人嗎？我沒敢問更多細節，有些話，直覺是不該問。

我們都是星星來的訪客

就在要離開溫蒂農莊的那天早上，在向陽的走廊，遇見和我同住一屋的年輕媽媽凱特。他們一家三口開著一部車，塞滿家當，正要移動到加拿大去生活。

不知道為什麼，凱特很自然地跟我說起她年輕時，在雪士達山上的奇幻經歷：

> 那是夏天，我爬上山，突然很睏，就躺在草地上睡著了。就在我半睡半醒之時，看見一艘太空飛船降落草地。有三個帶著奇異頭飾、穿著新穎的外星人，從船上走出來。其中一個發現我看見他。於是，他抬手正要催眠我，刪除我的記憶，我拚命抵抗睡意，不想被催眠，後來他垂下手，放過我。

事隔多年，凱特還可以鉅細靡遺地描述那三個外星人的衣服、髮飾，和他們戴的帽子。她最記得其中一個外星人的帽子，其編織的手法精妙、圖像精巧。她那天意外獲得許多設計靈感，日後，她成了服飾設計師，至今，那個巧遇所激發的創作靈感，還持續發酵。

我看凱特綁在髮上的布條樣式的確令人難忘，就像是從自然界走出來的小精靈，新奇亮眼，增添她精靈般的氣質。

「妳知道什麼是『星語』嗎？」凱特問。

「不知道。」我說，「那是什麼語言？」

她笑了，一朵神祕的笑漾開來。

「『星語』（star language）是最自然的語言，每個人天生都會，因為我們都是從星星來的。」

「我經常跟我的孩子說『星語』，就是把想跟他傳遞的感覺，用一些『非語言』的話語和音節說出來。非常好玩，妳應該試試。」

凱特跟我說了段星語，它不再是任何世間熟知的意義，但是語調豐富、美麗且柔軟。我真的聽懂了，但又無法指涉任何事物。比較像是感覺的傳遞。就如同被光洗滌，或是被聲音浸潤。

那是關於陽光、小麥，和她所養的小雞的事。星語很舒服，你不再聆聽字句的意義，而是聲音的頻率。

回到家，我也經常跟我的毛孩們說星語，我滿腔柔情地說，牠們也似乎都聽得懂。都說狗狗是從天狼星而來，而貓咪則是獵戶星（一說是「暗星雲」）下凡。

可能，在很久很久以前，或是平行時空中，我們曾經這樣交心。這是我們與生俱來就會的舌語。

因為我們都是星星來的訪客。

從地心的雷姆利亞文明、盤桓在空中的外星飛船，以及讓靈魂出竅去執行任務的民宿女主人，雪士達之旅帶著我發掘一段失憶的過往，我想，也許有其他靈魂也來此找到他們遺落的碎片。

雪士達山依然美麗沉默，藏匿著神祕的閘口與通道；它同時在這裡，也在另一個次元。如果找到那個通道的入口，走進去，可不可以回到陸沉之前的雷姆利亞家園？還是，我會在另一個平行時空醒來，成為另一個我？

瓦拉米手記

地圖上的一截紅線

悶著頭在這片闊葉林裡走走停停五、六個小時了，不停在心中默念著「瓦拉米」三個字，彷彿那是一個可以獲得救贖的聖地。

可是，瓦拉米呢？瓦拉米是虛幻的，她似乎永遠藏伏在山的背面，任憑我們怎麼拐彎、攀爬、跌跤、大口喘氣，她都不曾露臉。或者，她其實早就露臉了，只不過化身為數以億計的蕨（瓦拉米在布農語中，原意為「蕨」），從山谷密密地織往山頂；它們不但絞住裸岩和石塊，也覆蓋了大部分的濕泥和樹幹。

我甚至懷疑這些蕨類同時具有隔音效果，它們吸納了所有的足音和鳥語，使得整趟行程顯得格外幽閉，連最聒噪的五色鳥叫聲都像裝了滅音器，在叢林間閃躲著。

這條日據時代修築的越嶺道雖然尚稱堅實，但已有多處坍崩，一路蜿蜒，貼著山壁忽上忽下，從南安到瓦拉米短短十四公里，走起來卻感覺無盡漫長，而在地圖上看來，這不過是整個中央山脈支脈東南角不到兩公分的一截紅線。誰能想像這截線裡竟住著峭壁、斷崖、瀑布和溪谷，據說，還有不時穿梭其間的野豬、山羌、獼猴和長鬃山羊……。

然而，除了一些凌亂的獸跡，我什麼也沒看見，卻隱隱覺得在那陽光穿不透的密林裡，似乎有雙眼睛正在窺視我們這些闖入者。

山巒與山巒挨得太近了，落葉潮腐的氣味和熱浪充分攪拌之後，匯聚成一股窒人的靜默，籠罩著山區，偶爾濺起一聲、半聲烏鴉的嘶喊。

這是一座巨大的迷宮，而迷宮唯一的出口是瓦拉米嗎？我們還要在她的肚腹間盤桓多久？

叢林的聲息

入夜後的瓦拉米，彷如在群山環伺之下溫馴地睡了。可我卻醒著，我知道黑暗中還有許多事物也和我一樣醒著。

貓頭鷹在黑乎乎的柳杉林裡吹口哨，低抑的哨音飄來像一抹鉛灰。我索性披衣起身，抱著睡袋走出去，躡腳跨過一位躺在地上的巡山員，來到廊簷下時，我突然躊躇起來，厚重的山影幢幢疊疊，圈住這座落於山腰平台上的小屋，神祕懾人。在冷冽的星光勾勒下，所有的人和物件都只剩下簡單的輪廓，感覺像是進入一個呈現高反差的黑白底片世界，我只要再踩出一步，就會被停格。

草地上橫豎睡著四、五位布農族的巡山員，不知道是誰的收音機徹夜響著細瑣的人語和音樂，城市的聲音終究穿山越嶺而來了！我費了那麼大力氣努力想遠離的聲音，竟流洩於瓦拉米的山谷中，複合了眾多蟲鳴和植物抽長的聲息⋯⋯。

但我真的是唯一醒著的人嗎？雖然戒慎恐懼，我還是在小屋四周走了一圈，草地、帳篷，和屋內湧出高低長短、遠近不等的鼾聲，空氣中嗡嗡翕動，真像一個沉睡的巨獸在呼吸。

我輕輕踱回走廊，躺下來注視夜空，布農族的獵人此刻大概正在夢中奮力追捕他的獵物吧！叢林浸泡在沉甸甸的黑暗和水霧裡，使瓦拉米看來比白天更孤僻、更沉默難測；她似乎隱隱庇護著極端現實的生存法則，卻又同時召喚著非寫實的情感能量。

而那些不斷伸出觸鬚往外吸附的蕨，豈不是白堊紀以來，整座森林所遺留的龐大潛意識⋯⋯。

音樂領路

III

雪落在挪威藍的鋼琴上

側寫挪威鋼琴詩人凱提雅・畢雍斯塔（Ketil Bjørnstad）

一九九九年八月，從德國斯圖卡特飛抵挪威奧斯陸，好像突然從盛夏被拋入秋天，汗水被海風吹乾了，吸進肺腔的冷空氣，使人不由沉靜下來。

凱提雅到下塌旅館來會面，依然是一身隨意的黑衣黑褲，頭髮好像因為沉思而更白一些，腋下夾著他的新書《墮落》（*Fall*）與鋼琴獨奏輯《羅森堡的錄音帶》（*Rosenberg's Tapes*）。

不論是白天或夜晚，不管在巴黎或奧斯陸，每次見到凱提雅，總是如沐春風。他是詩經裡的君子，溫其如玉。他給你的擁抱、問候、傾聽、微笑，都是真心實在，沒有半點逢迎的意思。像他這樣的人，在粗陋的俗世裡出現，常讓我驚心，好像在贗品充斥的街坊乍見真跡。先不論他音樂或文學上的成就，他的待人接物，對我而言，是一個世代良好品質的典範。

我們一起往碼頭的餐廳走去。傍晚時分，霞光半掩，浪花推湧進峽灣。挪威人就這樣說一回話，聽一晌濤聲，慢條斯理把餐用完。出了餐廳，氣溫儼然是深秋了，整個世界被一種深湛的藍溫柔包圍著。凱提雅說，這是「挪威藍」。小心翼翼吸一口氣，那藍彷彿也就注入血管裡。

海與維京人的關係就如天空之於鳥。挪威人世代傍海而生，挪威的峽彎曲曲折折，蜿蜒進基地，砌出無數小島。挪威的風景畫作看來看去總是海，翻騰在主題或蟄伏在背景的一角。古斯塔夫・庫爾貝（Gustave Courbet）畫筆下的挪威，常是峭壁峻崖擋著沖天駭浪，天色沉鬱、濃雲密布，但當你仔細遠眺海面，烏雲中總是濺出一線金色陽光；不知道是不是這一線陽光，使挪威人終究不至悲鬱如芬蘭人。凱提雅的「海之組曲」系列：〈Water Stories〉、〈The Sea I〉、〈The Sea II〉，正是延續挪威人對海的告解及抒情傳統。挪威吉他手里普多（Rypdal）在凱提雅這組作品占了舉足輕重的地位，他強勁的電吉他扣緊大海的情緒起伏，推波助瀾，把樂曲的張力撐到極致。

凱提雅對電吉他情有獨鍾。從一九七三年出版第一張專輯《Opening》以來，至今擁有四十張錄音。除了他自己的鋼琴之外，最常出現的主角就是電吉他與人聲。人聲的出現一點不怪，凱提雅的詩人背景與宗教詩樂從小對他的薰陶，使人聲不僅肩負了頌唱詩文的功能，還常以卡爾・奧福（Carl Orff）之類的大型合唱曲／彌撒曲的方式出現，營造壯麗的氣勢。可是，電吉他呢？從凱提雅深厚的古典音樂訓練背景，絲毫看不出端倪。

多數人只注意到他曾是巴爾托克鋼琴協奏曲的最佳詮譯者，卻忘了他同時也深受六、七〇年代搖滾文化的洗禮：滾石樂隊（The Rolling Stones）、披頭四樂團（Beatles）、創世紀樂團（Genesis）、奶油樂團（The Cream）、范吉利斯（Vangelis）、 吉米・罕醉克斯（Jimi Hendrix）、警察合唱團（The Police）和艾維斯・卡斯提洛（Elvis Costilo）都曾先後虜獲凱提雅的心。早年的流行搖滾音樂對他的衝擊影響，絕不遜於爵士樂。

「對我而言，電吉他的發明奇妙無比，特別是吉米・罕醉克斯對它的開創性改革。電吉他的可塑性超強，不同的樂手可以賦予它截然不同的聲音。不像是鋼琴或大提琴，不管演奏者是誰，你都能預期它們的聲音，可是，吉他是不可預期的。這一點，使我十分著迷。」於是，挪威電吉他怪傑里普多成為凱提雅的忠貞伙伴。

十七歲就以獨奏家身分與奧斯陸愛樂同台演出，卻因偶然接觸邁爾士・戴維斯（Miles Davis）的《沉默之道》（*In a Silent Way*）而扭轉了他的一生。凱提雅毅然拋棄許多人欽羨的古典音樂演奏生涯，開始玩搖滾樂和爵士樂。

「我厭煩一再重複背誦、練習別人的曲子。我感到內在的我，本質上比較接近作曲者，而不是詮釋者。成為鋼琴演奏家，並不能滿足我。我渴望自己能從樂譜中被解放，我想要隨心所欲地彈奏。」

要跨出這一步並不容易。凱斯・傑瑞（Keith Jarrett）的出現，對凱提雅是莫大的鼓舞，他顯示一個人可以毫不避諱地使用其古典音樂的素養，直接切入即興彈奏。史塔文斯基、巴爾托克、拉威爾、布拉姆斯以及七〇年代的搖滾樂則分別在創作及節奏的變化上，餵養凱提雅許多靈感。雖然在他的作品中有許多即興的成分，而且常年與爵士樂手合作，但我從來不認為凱提雅是個傳統定義的「爵士樂手」。

他的演奏技巧、和聲構成、作曲傾向，乃至獨奏時喜歡使用大量顫音等等，都更接近古典浪漫主義的音樂傳統。他承認：「扎實的古典音樂訓練，使我的手指更有力量與韌度。直到如今，我的彈奏使用的仍然是古典音樂的技法。我從來不曾刻意去學習爵士樂的標準曲式或和弦順序。」其實可以說，凱提雅是刻意地「不去學習傳統爵士」。

爵士樂和古典音樂一樣，都有一套因襲而來的成規，成規必然導致框架的誕生，結果不又是掉入另一種限制？

不過，真正令我好奇的是，一般爵士樂手習以為常的雜燴式、接龍式的「爵士音樂即興演奏會」（jam session），凱提雅一次也沒出席過。

「倒不是我擺姿態或驕傲，而是我生性害羞，那樣的演出形態教我不自在。」他解釋：「當我演奏時，我喜歡在有所準備的情況之下，暢所欲言。」這樣的行為習慣，可能與小說家要構思透澈才下筆相同吧？凱提雅在這點不改本色。

從二十歲發表第一本詩集至今，凱提雅幾乎年年都有新書出版，其中又以小說居多。看來，音樂創作與寫作不僅不相扞格，還相輔相成，他旺盛的創作力和自我紀律對我而言是個謎。

寫作畢竟在本質上不同於演奏，寫作是如此私密的智力活動，它需要大量的獨處以便構思；演奏卻得走進人群，在聚光燈下把自己完全敞開，與樂手、觀眾進行即席互動。

「寫小說，你首先獨自布局整個故事，與讀者的互動，要到後來才在閱讀的時候發生。演奏音樂則不同，你與樂手或觀眾之間的溝通，都在演奏的剎那發生。你必須使自己敏感如一塊海綿，迅速吸收週遭細微的訊息：樂手的情緒、觀眾的反應……，即使背對著觀眾，在寂靜之間，你依然能夠感應，他們究竟是渴望更多音樂還是希望你停止。那是一種極度困難、全方位的傾聽。」

獨奏呢？於是又像抽絲剝繭、回到單純的自己與一架鋼琴。《羅森堡錄音帶》兩張專輯由此而來。

故事說來令人傷感。在凱提雅旅居巴黎的九七年間，有一天接到一通挪威來的電話通知他：羅森堡錄音室因為營運不佳，要永久關門了。這間老錄音室，是凱提雅錄第一張唱片的地方，裡面有一架他最鍾愛的史坦威鋼琴C型（一般錄音室或演奏廳最常見的是D型）。年輕時代的他，曾在這個錄音室消磨多時，錄音室一旦消失，等於自己的部分歷史也一併被抹逝。

「那架鋼琴會怎麼被處置呢？」凱提雅焦急地問。

「賣掉吧！」錄音師回答。

凱提雅一聽，馬上訂下一班飛機返回挪威。他要進錄音室再錄最後一次音樂。

進了錄音室，卻不知道自己要彈奏什麼，一切都發生得那麼突然，他心愛的史坦威立在角落裡，風塵僕僕，許久不曾被維修，走音得一塌糊塗。他找來極好的調音師調了音，然後坐下來，開始彈奏。

「當我的手指觸及琴鍵的剎那，我感到無比惆悵又甜蜜。」既惆悵這一切將成記憶，又甜蜜如與老朋友互訴衷曲。史坦威雖然老了，但她的聲音別有韻味，就像一位歷盡滄桑的老女人在唱歌。

第一次聽《羅森堡錄音帶》時，我正坐在挪威的火車上，往西海岸駛去。左邊是挪威的峽灣和忽隱忽現的海，右邊是秀麗的森林，突然，那音樂擊中我情感最脆弱的部分，剝開我的驕傲自尊，洗滌我所有幽微、難以啟齒的憂傷及隱痛。眼淚之後，是歡喜與平靜，一如挪威的森林與峽灣。我終於明白，為什麼這樣的音樂會誕生在這個遙遠的北國。

從《羅森堡錄音帶》開始，凱提雅的彈奏比先前兩張獨奏輯（《Prelude》、《Pianology》）更加凝鍊素簡，浪漫沉入更深闊的海洋。音樂不再如以往那麼甜美，但是更深刻。也許是生命走到一處境地，有一去不返的頓悟，使音樂也跟著透澈起來，凱提雅的音樂似乎隨著年歲一起成長。

可是，究竟是什麼動機在背後驅使這樣的音樂發生呢？

菲利普・葛拉斯（Philip Glass）以佛教哲學來思考音樂；桑・拉（Sun Ra）堅持他的音樂肩負「改造世界」的使命；哈爾・羅素（Hal Russell）則以為音樂是尋歡、作樂。凱提雅很謙虛，他說，音樂對於他是一種高品質的溝通，透過音樂，他希望更了解自己及別人的黑暗與光明。

在聆聽凱提雅時，我是不是也照見自己？

後記：多年之後，我和凱提雅再度連絡，是因為大衛・達令（大提琴家）的離世。大衛是海洋四重奏的一員。然而，對於凱提雅打擊更大的是挪威鼓手約恩・克里斯滕森（Jon Christensen）的辭世，他說，再也沒有人可以取代他的細膩和精準了，他失去了一位天衣無縫的音樂搭檔。他十分憂傷。

雖然如此，凱提雅不斷推出新作，精采絕倫的專輯《Remembrance》、《Personal Gallery》以及更多的獨奏專輯，所呈現的雋永美麗，展現他創作新的里程碑。不論生命中失去的是什麼，是一台老鋼琴，或是一位摯友，終究，凱提雅會涵融傷逝的哀戚，化為鮫人的淚，將生命之歌和挪威藍交織為詩篇。

聲音的畫廊

芬蘭新音樂的一匹狼：愛德華・維撒拉（Edward Vesala）

和大多數人一樣，我對芬蘭的刻板印象長期以來被西貝流士、北極圈，和一種根本毫不相干卻滋味芳美的台灣「芬蘭汁」籠統拼湊著。直到我開始迷戀阿基（Aki Kaurismäki）的電影及維撒拉（Edward Vesala）的音樂。

阿基的電影勾勒出芬蘭人沉默如石的形體之下深藏的荒誕狂想，那種似乎只有在極度惡劣天候才栽植出來的頑強不群，硬是把生活中所有的話語和泡沫般的情緒吸納至皮下組織，卻不動聲色。你幾乎猜不透他們在想什麼，他們若不是十分單純，便是相當深沉的一種人類。

外表上他們是一致地耐磨、耐髒、耐寒凍，可是當他們謹慎地遞出一個眼神、一朵微笑，那可好比分給你宇宙中最溫柔的一個祕密。法國人的感傷和美國人的聒噪對芬蘭人而言肯定不可思議，他們的決定遲緩，行動更遲緩，可一旦決定行動了，就會筆直地朝前走去，絕少左顧右盼。在不斷咀嚼之下，即便是對世界的嘲弄，也發酵成一種極端的誇張。

還記得電影《列寧格勒牛仔征美記》吧？阿基以影像捕

捉了這種奇特、芬蘭式的幽默與節奏，而維撒拉則以抽象的音樂形式抒發他個人的情感與夢想，這些根植於生活的小品散帙，不論附著於什麼標題，總一再敏銳地連結所有對他感官入侵的印象。

於是，風雪鳥獸、川溪林樹，這些自然事物穿過他的想像視野，以超現實的姿態逼近，或促狹，或凶暴，或瑰麗，或可畏。而失眠者的黑眼圈，神經質的報時雞，在四十歲的陰暗面，日常遭遇反倒以一種可笑荒謬的神態登場。維撒拉鮮明地傳達了他所設身的生存氛圍。

衣著組合很安那其的芬蘭樂團

我第一次有機會聆賞維撒拉樂團（名為“Sound & Fury”，《聲音與狂暴》）的現場演出，是在九三年末的倫敦，那是維撒拉姍姍來遲的首次英倫巡迴演奏。（雖然他早在七〇年初便活躍於國際樂壇，但由於並不熱衷宣傳，維撒拉多半時間和他的樂手們隱居於芬蘭林間村落，很少舉辦演奏會。）

衣著組合古怪的樂手們陸續出場了，一半的樂手穿得像七〇年代的搖滾樂手，另一半則像十六世紀的流浪藝人。唯一的女性團員（豎琴、鍵盤手）身著桃紅色緊身短裙，性感如夜總會的花蝴蝶。最後是維撒拉，蓄著兩撇大鬍子及一根細長的髮辮，搭配一襲新潮的紫紅色天鵝絨套裝，有一種懾人的氣派。整個樂團外表上十分安那其，然而當他們開始演奏，默契及整體水平絕對是在高度紀律及嚴苛琢磨之下才可能產生，就連各別樂手看似瀟灑隨意的即興或獨奏，其分寸的拿捏也不隨便。

維撒拉的音樂很難歸類，既非古典，也非流行或搖滾，又不完全是爵士。有人稱他是折衷樂派，我亦覺不妥，因為「折衷」不是他主要的創作手段。即便他的音樂語彙透露了廣泛的參考來源，但也未曾削弱他清楚的個人色彩。那次演奏會，使我對芬蘭樂團刮目相看。

二次大戰，芬蘭在音樂方面的發展，令許多歐洲國家都瞠乎其後。一波接一波的音樂浪潮，洗禮了這個地球上緯度最高的國家。在現代樂方面，無數的作曲家和指揮家闊步走上國際舞台：科科寧（Kokkonen）、薩利寧（Sallinen）、勞特瓦拉（Rautavaara）、柏格曼（Bergman）……等人相繼成為青年學子的新一代宗師，凱亞・薩里亞后（Kaija Saariaho）甚至成為當今最生猛的女性作曲家之一。長期以往，西貝流士一統芬蘭音樂江山的局面早已一去不返。

一九四九年，路易斯・阿姆斯壯造訪赫爾辛基（芬蘭首都）之後，爵士樂很快成為芬蘭都會青年的新寵，彼時，探戈仍是鄉間最受歡迎的社交娛樂。六〇年間，芬蘭有了第一個爵士樂節；七〇年代開始，有數個政府機構及民間機構長期提供贊助給作曲家和樂團。如今，人口只有台灣四分之一的芬蘭卻擁有九十多個音樂機構、二十多個各式音樂節，密度相當驚人。如果有一天，赫爾辛基成為當代音樂重鎮，我不會感到訝異。誕生於二次戰末的維撒拉，正如走進這一幕多門樂派折衝、融合的熱鬧景況，乃至他自己後來也成為芬蘭新音樂最令人難忘的一景。

探戈成為芬蘭鄉愁的象徵

生長在芬蘭東部鄉下的維撒拉在十多歲時拿起鼓棒，加入鄉野的探戈樂隊，在跳舞場中演奏憂鬱的「芬蘭探戈」。這個最初啟蒙他的音樂從此一直以不同的樣貌或變奏，出現於他日後的創作中，幾近是他鄉愁的象徵。

聽起來也許有點不可思議，「探戈」，這個來自阿根廷的舞蹈歌樂，在芬蘭享有的殊榮不下於在美國的鄉村音樂。雖然探戈一度曾在四〇年代普遍流行於歐洲，卻只有芬蘭人對它百分之百地認真。這一點對我一直是個謎，因為在所有的音樂形式中，恐怕找不到任何比探戈更純粹、凝鍊且戲劇化的感情詮釋了。在蒐集到的芬蘭流行音樂當中，有許多探戈演唱專輯。

芬蘭人對探戈的集體認同，是否亦說明了他們本性上傾向這種濃烈而直接的情感表達方式？一位研究探戈的歷史學家說，阿根廷人的探戈歌曲試圖捕捉生活的一個切片，而芬蘭人卻欲將其一生的悲劇濃縮入那短短三分鐘的歌唱。探戈在芬蘭因此染上芬蘭式的憂鬱及悲愴，聽維撒拉的探戈，每每讓人感到在踉蹌的舞步中，還堅持一種昂揚的歡愉。

維撒拉後來又陸續加入搖滾樂團、前衛現代樂團，和各式風格的頂尖爵士樂手合作演出，譬如奇克·柯瑞亞（Chick Corea）、卡拉·布雷（Carla Bley）、楊·葛巴瑞克（Jan Garbarek）、托馬什·斯坦科（Tomasz Stanko）、阿奇·謝普（Archie Shepp）……。他放任自己浸淫、實驗多種音樂形態，因為他確信，任何一種音樂類型都有它的可取之處，藉由實際演練，他小心萃取其中最接近自己音樂概念的元素。在我心目中，維撒拉是當今最出色的打擊樂手之一，其靈活準確的節奏和鋪陳張力，少有人能匹敵。也許，挪威的約恩·克里斯滕森（Jon Christensen）可以與之並列最敏銳的爵士鼓手（sideman），但若論能獨撐全場（solo）過四十分鐘尚不令觀眾乏味的鼓手，我還不肯定有第二個。

有一次在 BBC 電台聽他應主持人之邀現場獨奏，長達一個鐘頭的節目，他即席表演了三段音樂，音色變化細膩豐富，乍聽以為是一整個打擊樂團的演出。那些聲音創造出變化萬端的影像效果，彷彿飛鳥撲翅掠過天空，十里外的寺院鐘聲遙遙震動著空氣，又彷彿流水淙淙擦過石塊，雷雨咆哮著狂奔而來……。

維撒拉對於打擊樂器（其中包括他經常使用的中國鑼、鈸）的音色、音高、殘響的操控，顯然已隨心所欲。他處理樂器的層次、濃淡或甚至大量留白的效果，和中國的水墨畫頗有異曲同工之妙（可惜他唯一一張獨奏輯《I'm Here》已絕版），打擊樂至此幾已進入冥想神遊的化境。

音樂讓人瞥見遼闊的星空

迄今，維撒拉共參與錄製了二十多張作品，從小型的四人組樂團（quartet），到十人樂團（ensemble）都有，但不論以何種組合出現，他的風格與特質倒是一開始就眉清目楚：飽滿的音色組合、心境的傳達、旋律構成、氣氛營造，都是他的重點。其他如編曲上喜採用戲劇化、高反差對比的手法，以及，在旋律上對五音音階的偏好，鍾愛豎琴、長笛、鈴鐺等「輕樂器」（light tone instrument），即便是在一張囊括不同樂手的合輯裡，不必讀唱片封套上的說明，也能清楚辨識他的作品。

喜歡在一面牆上一口氣掛很多幅畫的維撒拉，作曲時偏愛使用中大型樂團，因為如此一來，他在配器音色上便容許有更多選擇。八〇年代中，他得了政府對傑出藝人的獎助金，開班授課，傳遞他的音樂理念。上門求教的學生多是年輕的職業樂手，課程結束了，有些人仍不捨離去，決定留下來跟他繼續研習音樂，這便誕生了後來的《聲音與狂暴》樂團（Sound & Fury）。

就像日本的白虎社或神鼓童，《聲音與狂暴》的集結亦充滿傳奇色彩，譬如整個樂團事實上像個大家庭，長期生活在一起，不僅切磋音樂，還學習「相處」。又譬如，樂手們為了專注於自己對音樂的承諾，斷然拒絕許多外來的商業演奏邀約；他們寧可出賣勞力去擦洗窗戶，或打零工為人修補樂器，也不願出賣音樂。為此，維撒拉十分引以為傲，他對我說：「他們就像我的兒子。」

近十年來，他領著他的樂團在芬蘭鄉間實踐簡約的生活，全然投入音樂，並極力避開媒體的干擾（此一行為，被其他一些芬蘭樂手視為孤傲；而不做公關，更進而得罪許多媒體）。根據他的哲學，音樂與生活是不可能分開的，一旦開始向物質妥協，就會喪失音樂的純度。他甚且堅信，任何人只要敞開心聽他的音樂，就能得到他所傳遞的訊息，他們對生活的感受會起微妙的變化，做愛、吃飯也都會發生變化……。想以音樂改造（或喚醒）人類，這個理想似乎有點古老又太過天真，奇怪得是，我相信他。

《聲音與狂暴》在維撒拉率領之下出版了四張專輯：《雪》（*Lumi*）、《歌頌爵士樂之死》（*Ode To The Death Of Jazz*）、《看不見的風暴》（*Invisible Storm*），和《北歐畫廊》（*Nordio Gallery*），張張鮮活有力。其中我最喜愛《雪》，音樂的質感被細細烘焙，像是一張印象派的上好畫作，朦朧、神祕又美麗；《雪》被企鵝版《爵士百科全書》評鑑為「八〇年代爵士樂的經典作品」。《北歐畫廊》則是這一系列作品的集大成——維撒拉以畫展的概念，讓人遊覽他不同質材、不同筆觸的作品。樂團的演奏顯出一種類似華南地方儀隊的熱鬧和野趣，有時我不禁懷疑，蒙古當年西進時到過芬蘭「文化交流」。

一位烏克蘭朋友有天打電話告訴我，聽維撒拉的音樂好像是自繁忙麻木的日常生活中，偶一抬頭，瞥見遼闊燦亮的星空——霎時歡喜。

芬蘭的時間比倫敦晚三小時，比台灣早五小時。維撒拉家在森林裡，有時午後打電話去找他，他的樂手總說，維撒拉去散步還沒回來。新年後，他傳真給我，芬蘭今年擁有「真正」的冬天，雪下得好多，厚厚一層覆滿大地。維撒拉興奮極了，潔白的雪反襯出天空的靛藍、枯枝的炭黑。

我仍然沒有因此而比較能猜透芬蘭人在想什麼。不過，從維撒拉釋放的聲音中，我確實感到遙遠的芬蘭正從地球的另一端向我慢慢趨近。

後記：愛德華．維撒拉（Edward Vesala，1945 ～ 1999），和許多偉大的爵士音樂家一樣，最後被酒癮奪走了健康。

和七個芬蘭人在路上

不怕冷不怕吵的芬蘭音樂筆記

一九九六年四月中旬，歐洲新音樂最重要的作曲家之一：愛德華 · 維撒拉（Edward Vesala）率領其樂團《聲音與狂暴》，在芬蘭幾個城市進行小型巡迴演出，我應邀隨團，記所見聞。

當上帝——如果，真的是上帝——創造愛德華·維撒拉之後，立刻就銷毀那個模型，因為維撒拉是個如此多刺的獨特品種，就像一株生長在苔原的仙人掌。

——斯地夫·雷克（英國樂評人）

四月十日

一直以為到機場來接我的樂手，會蹭著電影《列寧格勒牛仔征美記》裡那種誇張的尖頭靴、戴著墨鏡，很酷地向我走來。也許我中阿基·郭利斯馬基（Aki Kaurismaki）的

「影毒」太深，以為芬蘭人都該是那樣。所以，當吉他手基米伸手提過我的行李箱，很和善地對我微笑時，我還悵然若失地盯著他的皮鞋。後來，我才知道，全芬蘭大概只有「列寧格勒牛仔樂團」穿著那樣的鞋，梳著和那鞋一樣尖挺的髮式。那樣的裝束，只是阿基一相情願地芬蘭狂想。

基米的弟弟是「列寧格勒牛仔樂團」的鍵盤手，此樂團雖然技藝平平（他們標榜自己是全世界最差的搖滾樂團），但因電影一砲而紅，裝束又新奇惹眼，於是成為各商品爭取的行銷代言人。在芬蘭，你可以買到「列寧格勒牛仔」襯衫、帽子、啤酒與伏特加，甚至手機大哥大。

薩克斯手塔內打開滿載樂器的箱型貨車，把我的行李塞進去，跳上車，我們就上路了。今晚的演出是在距赫爾辛基一個多小時車程的古鎮波爾沃（Porvoo），維撒拉老朋友開的「酒吧瑪莉」。

塔內擅長修理各種樂器

塔內不說話時，很像是丹麥來的紅頸（redneck）殺手，魁武圓壯，腰上一圈肥油。但是人不可貌相，他賴以維生的技能卻是最需要慢工細活的「修樂器」，任何樂器的麻煩，輕則保養維修，重則整型焊接，塔內都能處理。這樣的工作，除了必須具備超凡的耳力來聽診樂器之外，還必須要懂得吹奏各種樂器，才能在修復過程中將毛病一一矯正。

車子在平坦而單調的公路上滑行，筆直瘦削的針葉樹林朝兩旁曳行退去。坐在塔內與基米之間，我先是感到有點異常，後來才發現是因為車上太安靜了，沒有一點音樂。

波爾沃是那種一過晚上六點，街上就杳無人煙的小鎮，我們一停車就趕緊閃進最近的咖啡店，喝今天的最後一杯咖啡。「酒吧瑪莉」可是只有酒精和汽水。

抽完第二根菸，基米懶懶地使個眼色，意思是，幹活去了。我們必須在其他樂手來到前，把樂器裝架好。

基米是樂團裡僅次於作曲家愛德華・維撒拉的靈魂人物，因為他是全芬蘭頂尖的錄音工程師，負責每一次演出的音效，樂器的擺置與空間所可能產生的交互作用，沒有人比他清楚。

但是，一進「酒吧瑪莉」，基米就傻眼了。舞台不到三坪大，擺上一套鼓、二十四軌的混音桌（mixing desk），加上豎琴、鍵盤、合成器、五支薩克斯、低音黑管、小喇叭、三把長笛，以及各式的輕音樂搖鈴、敲擊樂器之後，幾乎已寸步難行，七個樂手演奏時勢必摩肩接踵。

六點一過，樂手們陸續到齊了，每個人拿著自己的樂器暖身發聲。維撒拉穿著皮衣、架著墨鏡走進來，一見我，先來個結結實實的芬蘭式擁抱。他依然蓄著尼采式的八撇鬍，後勺編著髮辮，十分威嚴神氣，很像十八世紀的伯爵。

架好麥克風，大夥兒竟還是都擠上舞台，照規矩試了音。空間實在是太小了。四支銅管齊鳴時，聲波迅速自牆上折返，撞成一團。基米也知道，混音桌上的平衡裝置無法改變這種物理事實。

入夜的小酒館被塞爆

九點鐘，天色仍微亮，但整個小鎮似乎已沉睡。僅有兩三處酒吧在不同的街角發著光。推開「酒吧瑪莉」的門，才知道，原來不睡覺的人都上這兒來了。上百人塞得小酒吧在冷冽的四月開始冒汗。

維撒拉的學生和老友們都來捧場，貝斯手 Antti、鼓手 Alf 和薩克斯手 Jone 早早就捧著啤酒，坐在舞台正前方。Antti 在七〇年代曾和維撒拉組一個爵士四重奏，成員包括波蘭國寶級的小喇叭手托馬什・斯坦科（Tomasz Stańko）與芬蘭當時最好的長笛／薩克斯手尤哈尼・阿爾托寧（Juhani Aaltonen）。Alf 與 Jone 則是芬蘭目前最具潛力的樂團「火山誌」（Krakatau）的成員，此團音樂爆發力驚人，在德國 ECM 已出版兩張專輯，令樂評家驚喜、吉他迷驚豔。

值得一提的是，「火山誌」成立之初，是《聲音與狂暴》的一個衛星樂團，成員多是曾先後跟隨維撒拉的樂手，但音樂日後呈現猛辣的新興搖滾口味。吉他手拉烏爾・比尤根海姆（Raoul Björkenheim，團長）在一次談話中告訴我，他在美國柏克萊音樂學院學爵士音樂多年，學到的只是記譜，真正改造他的音樂、把他塑造成截然不同的吉他手的人，事實上是維撒拉。

樂團開始演奏了。底下的朋友們都大聲喝采，用力擊掌。聽過小型現場的人都知道，這種熱情多麼具有渲染力。台上的六個壯漢果然更是卯足勁，狂飆起來。但我瞥見團裡唯一的女性樂手伊柔在狹隘角落裡，和鍵盤豎琴奮鬥著。主控音樂的維撒拉在舞台左側不斷向大家使眼色，但伊柔的視線卻被前方幾個彪形大漢擋住，難怪她直皺眉頭。

還好演出十分順暢，沒有人從台上摔下來。

四月十一日

早上十一點集合，大夥兒無精打采，黑著眼圈。基米告訴我，因為和老朋友重逢，大家玩音樂、聊天，鬧到清晨才休息。維撒拉更慘，因為常年住森林裡，不習慣旅館裡密閉式的空間，又聽不到鳥叫而睡不著。

我們分乘兩部車上路，約定傍晚在芬蘭東部的大城約恩蘇（Joensuu）碰頭。一路上，又是沙漏一般的寂靜。薩克斯手 Pepa 的小車上竟連放錄音帶的卡座都沒有，芬蘭人對寂寥的耐力令我驚訝。

團員們晚上如龍，白天似蟲，這些每晚必須耗盡全部精力給音樂的人，在白天卻似乎嚮往一種無聲狀態，非必要根本不碰音樂。一路上，也毫無我想像中「樂團上路」的嘻鬧喧嘩，也許，是在沉默中養精蓄銳。從一個城市駛向另一個城市，六、七個小時，中途一杯咖啡、一個三明治，然後繼續神情木然地坐進車裡，偶爾搖下車窗，抽一根菸，以對抗幾乎是凝固的時間。

在公路電影裡，我們或許以眼睛參與了那種飄離目的地的荒疏，但只有真正坐在車裡，連續幾天看著一成不變、像靜物畫一般的風景，我才算體會到時間的窒息感。

到了約恩蘇最大的旅店「SOKO」（相當於台灣的希爾頓），已經是六點鐘。「SOKO」的狹長形舞台是昨晚的三倍大，基米在架好樂器之後，發現某條管線不夠長，於是又立刻進城去買。

我發現音效工程師眞是個累死人的工作，演出前要負責安裝、試音，要處理各種意想不到的狀況（你永遠難以預知一個陌生的場地會有什麼硬體設備），演出後要負責拆卸管線、麥克風，收拾多條長短不一的電線，依序放好。

基米不僅負責音效，同時還得演奏，他的吉他總是架在混音桌前方，好讓他在演出過程中隨時調節音效。

維撒拉每次開演前總會進入一種出神狀態，面容嚴肅，這時候，我就盡量離得遠遠的，不敢越過一步。他會召集樂手，囑咐當晚的曲目，提醒每個人該注意的地方。不過，對於一個已經成立十年的樂團，使個眼色和手勢，大家也就心知肚明了。

一直到現在我才明白，像《聲音與狂暴》這樣的集結，即便在芬蘭都是獨一無二的。一般搖滾樂團的集結能超過五年已算是異數，而爵士樂團的組合更是經常變幻更替，往往錄完一張唱片或一次巡迴演出就解散了。

維撒拉因此驕傲地說，我擁有全世界最好的樂團。這些拆開來都具獨當一面能力的樂手，之所以留下來，原因無他，就是熱愛演奏維撒拉的音樂。團員們台下情同手足，而一上了台，卻又是實力相當的對手。跟了維撒拉最久、主奏低音黑管的約貝（Joppe）告訴我，一離開這個樂團，就只能演奏商業音樂或情調爵士，那他寧可不奏音樂。

樂器是最忠實的愛人

約貝沒有女朋友，他說，樂器就是他最忠實的愛人，因為它們從不對他說謊。瘦弱的約貝每次在台上雙腿一夾（樂器長度及膝）吹起低音黑管，總是扯肝撕肺、不要命的樣，令人擔心他有一朝會五臟俱碎。為了堅持音樂的純度，使他常年處於半失業狀態，偶爾幫人家擦擦窗戶、打打零工。這是芬蘭數一數二的豎笛手。

事實上，除了極少數當紅的「Iskelma」歌手（芬蘭當地的流行歌曲，意義相當於法國的「香頌」），以及常年在舞廳伴舞的沙龍樂隊，芬蘭絕大多數樂手在經濟上都相當掙扎，國際上的好評（《聲音與狂暴》的每一張專輯，在國際樂評界都得到至高的評價）與市場上的銷售是無關的。僅有五百萬人口的芬蘭市場太小，所能提供的演出機會和場地十分有限，樂團裡的每個成員因此都必須依賴「副業」才能勉強養家活口。

今天的觀眾多是衣著光鮮的中產階級，和昨天小酒館裡的完全是兩批人。有一些含情脈脈、咬著耳朵的情侶，顯然對今晚的演出有著錯誤的期待。我開始擔心起來。

果然，基米的電吉他開始發出超強瓦力的嘶嚎時，部分觀眾立刻起身往外走。維撒拉發飆了，像個重金屬搖滾鼓手那樣狠狠捶著鼓，這種捶法可能會令老爵士樂迷得心臟病。這年頭，聽爵士樂的人大半變得很世故，以為爵士樂就是「底細大樂隊」，就是比莉・哈樂黛與戴維斯。

要知道，《聲音與狂暴》這個命名絕非一時興起的組合，「聲音」在此指的是重搖滾那種不顧一切將聲音發出去的能量，而「狂暴」則意味著自由爵士裡潛伏、一觸即發的爆發力。然而，這又不是一個即興樂手可以任性為之的樂團，維撒拉對樂團詮釋其作曲所嚴格要求的技巧與精確度，反而更接近一個現代樂的室內樂團。

午夜之後，在旅館地下室的小酒吧和樂手們相聚，酒吧鬧哄哄，一個四人組搖滾樂團在台上唱抒情搖滾。塔內一干樂手們則神情木然地喝著啤酒，好像連說話都太費力氣，大家面面相覷，看起來竟有點憂傷。沒有人願意跳舞。我想，現在就算有顆炸彈從屋頂掉下來，樂手們也不會有反應。

基米說，每次演出後，都把情感和力氣消耗殆盡，高亢的情緒一時無法平復，總要耗到三、四點後，才能勉強入睡。於是，當然不可能走向舞池的。

四月十二日

一大清早，在約恩蘇中學有一場示範演出。樂手們各個臉色發白眼袋泛青，一邊呵欠一邊架樂器。很大的一個室內藍球場，陽光從屋頂的天窗曬進來，樂器都閃閃發光。一千多個中學生圍坐在觀眾席，鼓噪著，好像等比賽開場似的。

維撒拉決定不做任何講解，就從頭到尾演奏音樂。

完了之後，有個男孩跳下藍球場，怯怯地靠近套鼓，拿起鼓槌，模仿維撒拉打鼓。也許，一個小鼓手就這麼被啟蒙了也不一定。

午後，啟程前往僅次於赫爾新基的中部大城坦柏瑞（Tempere），又是七小時車程，晚上沒有演出，總算可以鬆一口氣。

四月十三日

不過，這趟行程眞正的高潮，是在最後一天的坦柏瑞「當代音樂節」。今年的節目策劃的重點是「日本當代音樂」，小野洋子（Yoko Ono）也來了。《聲音與狂暴》擔綱壓軸，卻是這次音樂節裡在音樂光譜上唯一偏向爵士樂的樂團。

昨晚休兵，樂手們終於都狠狠地睡一覺，飽餐一頓。維撒拉的背痛也好了，他很開心，一直耍寶，拿著浴巾等著就要去洗三溫暖。

三溫暖在芬蘭簡直是萬靈丹，不論頭痛、感冒、疲勞不適，三溫暖都能治。而且幾乎每一家每一棟公寓，都有三溫暖設備。

六點鐘開始試音，基米今天特別謹慎，對各別樂器的測試不厭其煩，一再要求。試音整整進行了兩個小時，比演出時間還要長。

結果證明，今晚的演出，音效果然出奇地良好。不僅各別樂器的音色清晰可辨，整體的音響效果也幾近完美。觀衆一片盛情，每一曲奏罷，都爆起如雷掌聲，顯然有人連腳掌也用上了，地板轟轟震。結束後，音樂節負責人到後台找維撒拉，說這是整個音樂節他聽到的最眞實憾人的一場演出。

樂手們更高興了，最後一晚，明天不用早起。馬地早就迫不及待點了兩份威士忌。依柔也要了啤酒。基米呢？他還是一邊抽菸，一邊慢條斯理地收拾善後。每個樂團都得有這樣的人才行。在其他人都喝醉以後，總得有人送他們回家。

而我呢？跟七個芬蘭人上路才四天，已經杜絕我對「on the road」這回事原先所抱持的浪漫幻想。從一個城市到另一個城市，好像只是從一個舞台跨進另一個舞台，中間銜接的是一式一樣的公路，然後是搬運、裝卸、架設、試音這些例行工作。這還只是小型巡迴演出。樂團預計十月將「上路」半個多月，進行歐洲巡迴，那才是馬拉松。從一個國家到另一個國家往往就是半天、一天的車程，除非極度熱愛演奏音樂，否則舟車勞頓，演出熱忱難以為繼。

但我是知道這七個芬蘭人的，他們外表害羞沉默，卻是耐力超強，把濃烈的情感壓縮成個性鮮明的音樂語言。雖然芬蘭向來不在大國之列，但我確信，日後撰寫音樂史的人必然要因為這樣的音樂，而對這個遠在北極邊陲的國家另眼相看。

狂與狷，兩個朋友

紀念兩個音樂朋友

約貝：雙腿夾著低音黑管走路的傢伙

在赫爾辛基的最後一天見到約貝，是此行最開心的事。

不知道為什麼，在約貝出車站跨步走向我時，我腦海浮現的卻是他雙腿夾著低音黑管，鼓著腮幫子賣力吹、那種不要命的狠勁。雖然不在舞台上，他走路的姿態詭異，彷彿胯間還夾著一把隱形的低音黑管。

他的栗色長髮如常凌亂，隨便繫一只馬尾，只不過比起幾年前，和《聲音與狂暴》樂團在日韓台巡迴演出時，看起來氣色好多了。

那一趟旅行，對大家都很不容易。我這個樂團經理太生嫩，每個樂手年紀都比我大。維撒拉每天晚上喝醉發癲、砸酒瓶，房間滿地碎玻璃。隔天早上，飯店經理常來告狀：「Miss Wang, Mr. Vesala breaks our glasses, xxx⋯⋯」我每天賠不是、賠錢，樂團則賠上自尊。樂手們每天看見團長的神色，雖不說話，大家心裡其實都擔心。

低音黑管是約貝的愛人，沒有其他女人可以跟他的黑管競爭，總是敗下陣來。

他把音樂放在心中的神龕，寧可擦窗戶、送報紙，也拒絕做商業演出。他是那種一無所有、依然執著於藝術的人，為了守護他所相信的音樂而活著。

在現實生活裡，約貝的生活樸素，經濟拮据，但他活得自在坦蕩，令我佩服。約貝的純粹和專一十分迷人，像是會發光的獨角獸，只不過他是一隻太瘦削的獨角獸，臉頰凹陷，不知道是不是因為常節儉不吃飯的關係？但是一吹黑管，他又是精力充沛，有用不完的力氣。

他說話時，散發出芬蘭特有的「冷幽默」：反諷，字少，超現實；句子和句子之間有大量的留白。

所有從約貝嘴裡說出來的事，都像是馬奎斯小說遺落的篇章。以下記錄兩則軼事。

故事一

那時《聲音與狂暴》（Sound & Fury）剛錄完《雪》（*Lumi*），由新爵士樂界最負盛名的德國廠牌 ECM 出版。樂團聲譽如日中天，好多新手想加入樂團。ECM 向來以嚴謹和優質錄音聞名，製作人曼弗雷德・艾歇爾（Manfred

Eicher）的品味絕佳，被他挑中的樂手或樂團，就像是拿了樂界的「金牌保證」，走路有風。

團長兼鼓手愛德華・維撒拉，那時把《聲音與狂暴》的樂手們拉到芬蘭鄉下特訓。團員們年輕生猛，一無所懼。加上維撒拉陽剛的性格，把樂團的狂暴特性發揮得淋漓盡致，既有豐富多變的音色，也展現狂野不羈的情感。

有一次樂團獲邀在村裡的穀倉演出，觀眾都是當地的農夫。樂手們決定那天演奏就吹一首曲子，而且那曲子只有一個音。於是，樂團每個人透過自己的樂器，從頭到尾，就吹奏那個音。中途，有人決定要在原來設定的音再加上半音，這突如其來的改變，把整個樂團帶入歇斯底里的高潮，那些才下田的農夫們被這個瘋狂的樂團震懾。

不知道農夫們是不是因此冷汗直流？總之台上樂手與台下觀眾，都在飆汗！

故事二

在一九八七年間，有長達半年的時間，維撒拉和約貝每天窩在一個廢棄的工廠裡練習音樂。每次一開始預訂只練習一小時，後來都自動延長為四小時，因為音樂能量太強，兩人欲罷不能。

有一次約貝吹奏黑管進入心流狀態，感到音樂如海潮洶湧，他被某種奇妙的能量驅使，好像是黑管自己在吹自己，他不見了。就這樣，時間消失，邊界瓦解，約貝一直吹一直吹，維撒拉的汗水跟著鼓點，在微光下揮灑四散，他們一起進入另一個次元的世界。那是他至今難忘的經驗。

如今維撒拉驟然離世，因為常年酗酒，心臟負荷不了。談起這位昔日的戰友，他的綠眼睛有一抹哀傷，瞬間即逝。

「我最近發明一種新的低音黑管吹奏方式，可以變化出更多音色，維撒拉如果現在聽我吹黑管，肯定會很興奮。」約貝淡淡說著。

他抱怨今年冬天的雪不夠多，不夠凍（frozen），導致頭腦無法清晰運轉。芬蘭人的基因有一部分是靠「冷」餵養的。真正的冷，可以激發內在的熱。

在天寒地凍的絕望之中，沉默矜持的芬蘭人，認養彼此的寂寞，踩著雪，而且面無表情地跳著探戈，這是我心裡的芬蘭意象。

維撒拉對於樂團的功過，或許至今莫衷一是。然而，約貝喪失了一位旗鼓相當、能夠一同練劍的高手，這遺憾是刺骨錐心的疼。

朱利安：深夜伏特加特調的鄉愁

到紐約去錄音，住進樂手朱利安的公寓裡。沒辦法，獨立音樂公司經營虧損，紐約住宿昂貴，我得勤儉持家。

公寓老舊，多年不曾整修，牆壁斑駁，搭電梯時我心裡發毛，深怕電梯會突然靜止，或直線墜落，就像許多好萊塢電影裡演的那樣。

朱利安的生活是極簡中的極簡，僅有的一點家具，看來是街角撿回來拼湊的，花色樣式都不一。家中只有兩架破舊的手提式音響；地板高低不平，暖氣爐停擺，天花板有個大洞，牆上暈開一朵朵黃色潮霉，是長期漏水造就的壁畫。後來他索性把牆敲掉，木板移開，露出牆裡的鋼管。

於是，朱利安在通往樓上的水管安裝一個簡易開關。只要樓上一漏水，他就關上開關。樓上的住戶沒水用，就不得不先整頓漏水。

紐約的水電工一定很賺錢，整個城市到處都在漏水、傾圮，地鐵裡、天橋下、轉角的騎樓，當然還有無數的老舊公寓。然而，紐約的牆上，卻有那麼多生命力飽滿的塗鴉噴畫，和正在快速腐朽的一切互相較勁，不知道誰最後會勝利？

紐約客那麼傲慢、自信，紐約的藝術家那麼又窮又白，乃至後來連窮都成了傲慢的一部分條件：毛衣穿到綻開，可是搭在藝術家身上就是不羈，球鞋開了底，可走起路來就是有風。

紐約有倫敦所沒有的生氣、紊亂與魅力，藝術家們集中住在哪一區，就會以他們的活力和創意帶動該區域，直到房地產飆漲，他們不再能負擔房租，於是，藝術家們在紐約尋找新的聚落，再次逐漸聚集，重新打造一個社區。

朱利安所住的公寓經常漏水缺電，房東蓄意不維修，自然是希望租客們知難而退（租），自行遷出。原因是，紐約有一個保障租客的租屋制度：一旦你住進去，房東就只能按照政府規定的比例調漲房租，直到你離開。

這也是為何朱利安可以住在紐約第二大道的原因，朱利安的公寓是紐約的歷史建築，不能重建，只能維護整修。於是，房東和租客之間，長年進行著角力，看誰先撐不住。

只要原本的住客遷出，房東立刻就可以整修房子，調漲數倍房租，與新房客重新簽約。

在異鄉的說書人

朱利安是極優秀的班德拉樂手（Bendura），曾祖父亦是班德拉樂手和作曲家。這個樂器是烏克蘭的傳統樂器，長得像魯特琴，但聲音更加立體清脆，多了許多琴弦，音程比魯特琴寬闊，彈奏技巧更為複雜。

朱利安是自小在美國長大的烏克蘭移民，除了繼承祖父的音樂天賦，也懷著使命感，希望讓烏克蘭的傳統音樂在美國發揚光大。

據我所知，即便是在烏克蘭，學習班德拉琴的人也不多，因為它的門檻太高。朱利安像是瀕臨絕種的樂手，不管在美國或烏克蘭，他都是難以取代、碩果僅存的班德拉樂手。他經年累月的演出和教學，的確培養出幾個令人期待的年輕樂手。

夜裡，沒有暖氣，只有一個功率不大的小暖爐。我裹著睡袋，凍得睡不著，但朱利安似乎習以為常，我聽見他在廚房裡播放音樂。

我起身去廚房倒杯熱水，深夜十二點多，朱利安獨自喝著伏特加，佐菜是波蘭臘腸。他的臉紅通通的，微醺，哼唱著烏克蘭民謠。他的歌聲溫柔中有厚度，他是個動人的說書人。烏克蘭民謠多數是悲歌，與心愛的人生離死別、遠離家園，這是民間從古至今不斷重演的歷史悲劇。

我雖然不懂烏克蘭語，但依然被他的歌聲打動，也跟著哀傷起來。

朱利安學過西洋聲樂、歌劇唱腔。然後，他花了二十年的時間抹除那樣的唱法，重新來過。因為，使用西洋聲樂唱法，來唱這些十六、七世紀吟唱詩人留下的曲子，感覺很滑稽，不對襯。

雖然在美國長大，然而，看得出來朱利安在此很寂寞。故鄉既不是這裡，也不是黑海的那個國度。故鄉在哪裡？在異鄉，以母語唱歌的說書人，說的故事如何得到共鳴？

朱利安的志業決定了他的生命基調，音樂上，他是班德拉琴的大師，靠著音樂演出的邀約以及一對一教學，有些不穩定收入。然而，他又生活在常軌邊緣，似乎隨時會滑脫，滑脫之後，不知道會去哪裡？

音樂讓戰火和硝煙止息

早上進廚房，見朱利安已經整頓好自己，頭髮梳整，鬍子刮了，絲毫不見酒醉的痕跡；帶著眼鏡的他，看起來更像是大學教授。他遞給我一杯熱騰騰的咖啡，靦腆一笑。今天我們有錄音行程。

一進錄音室，朱利安開始撥彈班德拉琴，聲音錚錚如流水，帶著水晶的光澤，晶瑩剔透，洗滌了昨夜的困頓和憂愁，我想，音樂是他的自我療癒，班德拉是他靈魂的處方。

俄國樂手伊利亞（Ilya）的手搖風琴和吉他、蒙古樂手貝圖新（Battuvshin）的管蕭和馬頭琴輪番上陣，除了班德拉琴，朱利安也吹起短笛和長笛搭配樂曲所需音色，每個樂手都會多種樂器，貝圖新曾是西伯利亞的呼麥冠軍。他開始喉音吟唱，泛音忽高忽低，在錄音室繚繞盤旋。後來，他自己疊上自己的歌聲，錄了幾軌，聽起來更像他領軍的呼麥大合唱。數一數，三個人加起來有十種以上的樂器。

烏克蘭、俄國和蒙古，這三個昔日歷史上衝突不斷的國家，它們的樂手們卻在這個錄音室攜手創作出優美的音樂。樂手們的默契，讓即興產生璀璨火花。音樂可以摧毀所有邊界，讓戰火和硝煙止息，因為音樂那麼美！所有的人自然會想要沉浸在美之中，而放下仇恨的束縛。

我們當時誰也不知道，像這樣友好的交流和錄音終將走入歷史。

二〇一四年，俄國侵略烏克蘭，占領了克里米亞。政治的衝突，阻斷了美俄樂手之間的交流。朱利安再也不敢與貝圖新聯繫，遑論同台演出，他害怕給貝圖新惹上麻煩。他想念朋友，但是必須保護朋友。

二〇二二年二月二十四日烏俄爆發戰爭，朱利安寫信給我，說有個烏克蘭紀錄片導演，要使用我們當年在紐約錄製的這張專輯《One Wheel Drive》當影片配樂。這張錄音始終沒有出版，因為我的獨立唱片公司後來被合夥人解散，不再能夠發片。我自費買下這張錄音與母帶，完成後製，希望有朝一日能出版。我回信給朱利安：「沒問題，請無償使用。」

想起朱利安所唱的一首歌：

所有的家屬都在為這個富家男孩流淚，
只有年輕女子為孤兒哭泣。
這個母親為她的第一個嬰兒啜泣，
黑色的烏鴉則為孤兒悲啼！
All the kinsmen weep for the boy from a wealthy family; only the young girl weeps for the orphan. His mother weeps for the first boy; the black raven calls for the orphan.

這首歌唱的不是歷史，而是此刻現在。烏俄戰爭撕裂無數家庭，留下更多的孤兒寡母，眼淚不停不停注入黑海，這次連烏鴉也消失殆盡，不再悲啼，只剩無人機在空中盤旋……。

霧鹿之霧

過了關山，轉入台 9 線，經初鹿大橋，便開始無盡蜿蜒的山路。在山崖之間穿行，除了偶而呼嘯而去的砂石車和少數自用車之外，整個旅途是寧靜的，但是，把耳朵撐開一些，你會聽到遠方的溪流潺潺，鳥叫蟲鳴時而稠密，時而稀疏，夾雜一二急促尖銳的嘶喊，可能是猴子。

在寧靜裡其實重疊無數聲音，但奇怪，這無數聲音又造就了寧靜。

延平鄉、海端鄉，這些車子一不經心就會駛過的小村落，路邊任一條小路彎上去，都聚居著布農族人。傳說中，布農祖先是最早抵台的原住民之一，遠在兩千至四千年前。

日後，為了尋找獵場和耕地，不斷大規模地遷移，在荒山沼澤裡闖蕩，成為名符其實的玉山守護神、中央山脈的統治者，是個性堅韌內斂，受漢化影響最緩慢的一支高山原住民。

八部合音恰似綿延不絕的山巒

二〇〇〇年秋天，我從這裡和「海洋四重奏」[3] 的樂手們上山，在霧鹿國小操場上，第一次聽見布農族的八部合音古調祭歌〈Pasibutbut〉（俗稱〈小米豐收歌〉）。一群布農族男子赤著腳，圍成圓圈，雙手交叉在腰後，與左右同伴交握，舉頭覲天，神情肅穆，以逆時鐘方向踱步合唱。歌聲由輕微如群蜂的低音漸次攀爬，上升的音階在半音階與三分之一音階之間游移，合音結構十分密實，恰似綿延不絕的山巒。

音樂結束的那一刻，眾人靜默良久，掌聲才爆開來。誰也沒有料到會在這麼偏遠的山村，聽見這麼繁複精緻如現代樂的作品。驚詫之際，有個錄音計畫也在我心中萌芽，我想，如果大提琴家大衛・達令（David Darling）能坐在那個圓圈中間拉大提琴應該會是很棒的組合。後來，為了這個錄音計畫，我因此和布農族的音樂結下一段很深的緣分 [4]。

布農族人相信，如果把〈小米豐收歌〉唱得很好，博得

---

3 The Sea Quartet: Ketil Bjørnstad, David Darling, Jan Christinsen, Terje Rypdal.

4 此錄音計畫由王曙芳製作、錄音，智邦藝術基金會出資，玖玖文化協力製作出版。專輯名稱為《Mihumisang》，此專輯榮獲二〇〇四年金曲獎「傳統暨藝術音樂最佳專輯製作人獎」。

天神歡心，那年就會大豐收。正因為是如此事關重大的祈神祝福之歌，布農族人對這首歌特別慎重，也有許多禁忌。譬如，我們在和大衛・達令錄音時，族人會告訴我，這首歌不能排練，一次就要唱好，而且平時不能隨便唱，只有祭典時才能唱。一般而言，只有成年男子才能唱這首歌，而且據說參與的歌者在這一年的生活必須非常平順，家裡和樂幸福才行。這些基本條件可能已經事先構造了這首歌的心理基礎，大家以無比虔敬、平靜的心情，不疾不徐地繞圈唱歌，彷彿進入一種出神狀態（trance）。更重要的是，歌聲絕對必須天衣無縫，大家依賴默契，輪流在不同地方換氣，萬一有人中途咳嗽，就一定得重來。

布農族的合音，雖然使用原住民族中常見的複音對位唱法以及自然和弦，然而因為族群性格的特徵，除了偶有領唱者以外，很少突出單獨的歌手，或者獨唱部分。不同於著名的義大利沙丁尼亞島上的複音唱法，有十分明確的四個聲部，和被遴選獨唱的歌手，布農族大多數的傳統歌謠都是一整個族群的合唱，不論是祭儀、飲酒、打獵、織布或生活中的關懷問候，只要是在場的人，都會一起加入合唱。由於音高細微的參差，造就合音中產生許多好聽的泛音，像是暈開來的彩虹一樣，使整個合音的色澤更為飽滿溫暖。我曾參加過霧鹿村的禮拜，在早上天濛濛亮時，大家還沒有開始喝酒、嚼檳榔，頭臉乾淨地去家庭禮拜。就連我從小聽慣的基督教詩歌，被布農族一唱，也成了八部合音，非常獨具一格，是我生平聽過最豐美的詩歌合音。

跟著「斜斜的音」走

為了錄音計畫在山上採集音樂時，我曾在一旁觀察胡金娘老師教小朋友們母語和童謠。已經年逾六十的胡老師，是學校裡唯一傳授布農母語和布農童謠的老師，雖然早就可以退休，仍繼續奮鬥著；即便知道許多小朋友們一上初中、離開部落後，可能很快就在升學體系下把學來的母語全忘了，她也不放棄，總希望母語能和音樂一起，至少被存放入記憶底層，有朝一日仍會浮出海面閃爍微光。

霧鹿國小多次拿下東部小學合唱競賽冠軍，都是由胡老師帶隊。胡老師認為合唱就是全校小朋友都上場，她從不遴選，就連音高不穩定、唱歌像蚊子叫、羞怯的低年級小朋友，她也一視同仁。她教唱有她的一套非制式方法，鼓勵小朋友跟著「斜斜的音」走，在她的觀念裡沒有所謂「不好聽的聲音」，就像大自然中有蜜蜂飛鳥，有葉落風襲，小朋友的聲音不論大小都是美的，合起來都會很好聽，而布農族的獨特合聲就像溪流，有湍急，有平緩，高高低低、自自然然，相疊互補各憑感覺，四部、八部、十二部合音，都不是紙上可以寫下來的規則。

我很驚訝，原來「即興」的觀念是這樣根深蒂固，早就存在這個古老的音樂傳統裡。

我看著眼前這個瘦小黝黑的女人，感到所謂的奇蹟莫過如此，可能她自己並不知道，她正用著非常前衛的觀念教學。她對於自己音樂文化的體會，雖然是極為本能的經驗之談，然而她的見識可能比任何民族音樂學者所能提出的研究報告都深刻。可是，我也不免擔心，這樣煞費苦心的救亡圖存能持續多久，這樣的教學觀念和態度有沒有辦法延續？胡老師退休後，這整件事會不會只是薛西佛斯的那塊石頭，終究要滾下山？

七十多年前，日本學者黑澤龍朝將採集自布農的八部合音寄至聯合國文教組織，受到國際著名音樂學者安德魯・舍夫納（André Schaeffner）、居特・薩克斯（Curt Sachs）、亞普・孔斯特（Yaap Kunst）等人青睞，認為這是人類音樂文化中稀罕珍貴的現象。當時主導西方學界的音樂起源論，以為音樂發展是由單音、兩個音，然後才有旋律演變為複旋律，最後才產生合音。然而布農族複雜的合音唱法是自古流傳下來，使這種論述不攻自破[5]。截至今天，這首全世界獨一無二的〈小米豐收歌〉依然在部落傳唱，但是族中的老人憂心年輕人不肯好好學歌，恐怕後繼無人，合音一年不如一年⋯⋯。

二十多年前，沈勝德上山收錄霧鹿布農族的歌聲，只有人聲的清唱在田野間的現場收音。那張錄音彌足珍貴，記錄了幾乎所有布農族重要的歌，也成了我後來製作新的錄音時很重要的參考。後來，我上山製作霧鹿布農族和大衛・達令的合作專輯，因為回音的考量，選了同樣的錄音地點，背山面崖，族人告訴我有幾個唱得最好的歌者那幾年相繼去世。「就是唱片上唱高音的那個阿嬤！」我聽了惋惜又心酸，阿嬤、阿公每隔一陣子就會少一個，這麼一來，合音豈不是會愈來愈單薄？

邊錄音，邊擔心獵物不夠

錄音時，原來打算要錄〈巫師之歌〉（〈pistahu〉），後來因為巫師年邁，身體不適而作罷。據說，霧鹿的巫師遠近馳名，因為她法力高強，不但能祛病息災，也能透過夢占

5 參考田哲益《布農族口傳神話傳說》一書，台原出版。

尋回失物，且她的占卜十分靈驗，許多人不遠千里前來求教。胡老師就曾信誓旦旦告訴我，那巫師曾幫她把遺失的錢包找回云云。我那一陣子經過巫師家，常見她抱著她心愛的白貓在院裡乘涼或種菜，見面時淡淡地打聲招呼，頗有威儀（老實說，連她的貓看起來好像也會使魔法）。巫師和徵兆，在布農族社會裡影響如此重大，專輯裡沒有〈巫師之歌〉使我耿耿於懷。

部落裡除了巫師，另一個受人敬重的人是頭目，有大事要商量，大家會說，到頭目的家去。開會時莫衷一是、眾說紛紜時，只要頭目站出來說句話，大家馬上安靜下來，按照頭目的指示行事。有什麼事件，如果頭目一句責備，當事人馬上戒慎恐懼，一日三省。布農族的頭目彷彿是古代埃及裡的法老，維護秩序，仲裁紛爭，也守護傳統的榮耀與尊嚴。霧鹿的頭目對於音樂非常重視，每次一有正式邀約或出國演出，總是告誡大家要兢兢業業，「這是祖先傳給我們的音樂，不可以隨便。」頭目這麼說。於是，大家只好收了工之後不看連續劇，聚集練唱。頭目在山上的工寮裡，養著一隻大白鵝，挺神氣，有王者之風，大提琴手大衛每次經過，牠都要出來說一番話，而且很慎重其事，有答有問。

布農族的社會例行集體主義，個人的利益永遠在社團利益之下，大家對個人的意見都有所保留，打了獵物也是帶回部落，由族內長輩分配給大家分享。我們在山上錄音期間，剛好是打耳祭前夕，深山槍聲不絕，男人們幾乎是一邊錄音，唱著〈祭槍歌〉（〈Pislai〉），一邊擔心獵物不夠，打耳祭會很不風光、不吉祥[6]。另一方面也憂愁獵物會不會都被鄰村的布農族先下手為強，害他們只得往更遠的獵場去打獵。

不知道是不是也由於這種集體主義而來、對個人主義的壓抑，我發現布農族的歌裡沒有情歌豔事，有的只是描述朋友的關懷，和族人同聚的歡欣。布農族的音樂演化出卓越超群的合音方法，可是竟然幾千年來沒有留下一首男歡女愛的情歌，排灣族、魯凱族、阿美族都有談情說愛的情歌，可是布農族要傾訴衷曲，似乎只能抱著小米酒唱唱飲酒歌、關懷歌。再不就是站到小山崗上遠眺白雲蒼天，獨自拉彈口簧琴。布農族的戀人們大概最能體會《楚辭》裡的「目成心許」吧！

然而，布農族果真與浪漫豔情無緣嗎？也未必。關於布農族的合音，有這麼一則傳說：傳說中有一對情侶，一個住東邊的山，一個住西邊的山，想見面時必須走過一座獨木

6 打耳祭是布農族一年中最重要的祭儀，和狩獵活動息息相關，一般在四至五月間舉行。

橋，可是，那木橋已朽爛。有一次，兩個人約會時，女孩滑倒了，男孩情急之下伸手拉住她，就這樣雙雙跌入溪谷裡。從此族人經過溪谷，好像總聽見有人在唱著歌。這一則故事夾在八部合音的眾多起源說中，引人遐思，其他的故事都指涉八部合音是族人從瀑布、蜜蜂，或松樹竹林被風穿梭的聲音揣摩而得。唯獨這個傳說，又把學自溪流的美麗合音歸諸於葬身溪谷的族人。

二〇〇三年，結束唱片公司之後，我成為英國文化部當代音樂網絡（CMN）的製作人。我提出的第一個音樂企劃案就是霧鹿布農族和大衛・達令到英國巡迴演出。因為有了英國文化部的豐厚贊助，終於得以邀約霧鹿布農族的歌者們和大衛一起踏上英國的舞台，展現八部合音與大提琴的雋永對話。

為了安排旅程細節，我再度回到霧鹿村。一到山上，把車駛進村子，便看到村民們聚在廣場上打槌球，狗狗們從容趴在路上閒睡，而且絕對不讓車子。熄停引擎，鳥叫蟲唧馬上湧入雙耳，感覺好像踏訪著一個陳舊的夢境，時空是靜止的，在霧鹿，來的人不多，走的人也不多，差不多就剛剛好。

後記

無常與明天

把浩一的衣服從後陽台收進來，摺疊。我手笨拙，衣服摺得歪七扭八，浩一若是看見，又會笑我，然後全部拆開重新摺疊吧？這五年來，我們的衣服都是他摺的。

浩一手巧，比例拿捏恰好，不論是T恤或褲子，被他一摺，就變成在百貨公司陳列架上的衣服那樣，有條不紊的一疊。「這樣攤開來穿時，衣褲才挺。」他說，他從前在成衣貿易公司上過班，摺疊過許多衣服，速度超快。

我想學，學不來，怎麼摺都像是垮掉的豆腐，不成形狀。

浩一是個暖男。他以拿筆的手舉起鋤頭，為我們整治菜園，每天早上花一兩小時澆水，巡園子，見了花便剪下一束，插瓶，默默放置我書桌，玫瑰、茉莉、玉蘭花、澤蘭……，我常有來自園子的小驚喜，伴我工作。

我們隱居在都蘭山上過著小日子，一起眺山望海，看星星和朝陽。生平第一次覺得自己不必逞強，可以放心被寵愛。

園子裡的樹木和菜園裡的蔬果、狗狗或貓貓，浩一都上心。他的愛很遼闊，如一棵大樹。他不光是寫書，也在生活中實踐他所書寫的一切。

我向來喜愛動物，浩一和我同住，則是他第一次養動物。他愛屋及烏，我們共同養育六隻貓兩隻狗。動物們很快就踩進他柔軟的心，他成了「寵貓狂魔」，「頭號貓奴」。

人面蜘蛛在他書房走廊上結了一公尺大的巨網，浩一小心留著蛛網，觀察其浩瀚建築工程。他說，想要拍到晶亮的露珠在蛛網上閃爍一片的畫面。

旁人眼中，浩一是個文史工作者、易經專家、深具魅力的講師，既有遠見也有執行力。他的口頭禪是：「一人到，千軍萬馬到。」他習慣扛下重責，一切自己來。

在我眼中，浩一是閨蜜、摯友、靈魂伴侶和守護者。他是頑皮的大男孩，精力無窮的過動兒，願意冒險和嚐新。我一時興起想去造訪的地方，他總是說「好」，鞋子穿了就走。我們兩人默契十足，配合無間。

和浩一在一起，擴展了我的台灣地圖，重啟我台南家鄉的味蕾。我享受他的私人導覽，更愛和他在台南的巷弄間穿梭，逛各地菜市場。

許多次，浩一對我說：「我一定是做了許多好事，才能在晚年遇見你，有這麼好的姻緣，和這麼美的地方，可以生活和創作。」

我覺得我肯定也是做了不少好事，才能遇見他，這麼一個精采貼心又風趣的伴侶，和他在一起我像是找到了自己缺失的那一角，人生圓滿地滾動起來。

原以為我們就會這樣，一直慢慢滾動下去，死生契闊，白首偕老。

沒想到幸福驟然劃下句點。

上週日，浩一坐在餐桌對面早餐之後，開車獨自前往台東。沒想到，就此天人永隔。

第一次，他不讀訊息也不接電話，斷了連結。我報警找浩一的車，等我到他停車的地方，他早已無意識，車沒熄火，冷氣呼呼吹著，死因是心肌梗塞。我拉著他的手搓揉，一遍遍叫喚他回家，他垂著臉不再應我。我的心疼痛爆裂成碎片。

隔日把他的車開回家，才看見他這輩子最後採買的東西，竟是「一日手作」的三袋麵包，掉落在副駕駛座下方。兩袋是他最愛的厚片吐司，一袋是我最愛的牛角麵包。他心裡仍想著我們明日的早餐。不知道為什麼，這讓我心裡有些安慰與感傷。

昨日，浩一請託友人給我捎來訊息，他說：

「我的離去，是我們靈魂轉世之前的約定。你是來幫助我學習愛的課題，我是來幫助你學習分離的課題。如今，我已經完成我的學習，謝謝你。」

「你要看著我們擁有的，不要想像我們失去的。」

這一題，太難！這一題，太痛。

浩一曾寫道，「無常與明天，不知道哪個會先到。」

這次，是無常。

黑色車頭、紅色車身的蒸汽火車外型十分可愛，就像每個人小時候都曾擁有過的那種玩具火車。汽笛的鳴叫，沙啞且神祕，連奮力滑行的引擎所發出規律的搏動，都令人興奮。

經過小鎮Borth，看見那一大片潔白柔軟的沙灘，忍不住煞車，下去放風箏。

記錄過所有農夫攜來的羊群總重量之後，主持拍賣的人就會拿著拍板，站上搭建在羊圈周遭的鐵架棧道上，循序拍賣每一個羊圈。

在居住的Newcastle Emlyn看到另一次拍賣，一樣令我嘆爲觀止。這次主持的是個打著領帶、踢著雕花皮靴的年輕人，一邊唱價，一邊打響板，簡直和唱戲沒兩樣。

農場主人吉兒給飼養的每隻動物都取了名字，數一數，光是山羊就有十幾隻，真不知道她怎麼記得住。遠遠見她提著桶子走進草坡，山羊們竟然就像狗那樣，飛奔過來圍著她咩咩叫，叫聲親暱撒嬌。

左圖｜基輔是個漂亮的城市，樹林密布、道路寬敞，傍著河，鳥多車少，市民多半以電車或地鐵代步。偶爾從一些倖存的歷史老建築還可以揣想基輔大公國的風采。

右圖｜烏克蘭朋友伊凡。

打從車諾比事件之後，基輔就再少下雪了。核爆改變了整個烏克蘭的氣候，大雪及肩的冬天成為夢中才能溫習的鄉愁。

哈珊（左）和他的堂兄弟們都對我好奇，吱吱喳喳的三個導遊，開車帶我去他們認爲非去不可的景點。

摩洛哥所有的咖啡店、餐飲店裡，都是清一色的男人。

這種叫「漢娜」(Hanna)的天然顏料，在摩洛哥有多種用途，婦女們拿它來染髮、化妝、刺繪手足。它剛畫上去時是濃黑色，但乾透剝落後，留下的卻是赭紅色圖案。(楊文卿攝影)

非洲吉吉瑪薩伐旅營地（Jijima camp）拿槍的嚮導羅爾。

在叢林裡待幾天，你就會明白百獸之王不是獅子，一隻成年巨象，才真是威猛無敵。不僅鱷魚不敢惹牠，連獅子都敬牠三分，一定得等大象喝完水，才敢走近水塘。

在所有的大小恐龍都絕跡之後的今天，鱷魚還是安然無恙地出沒於沼澤河畔，其神祕與猙獰正如茂密危險的叢林一般費解。薩伐旅若無鱷魚，便黯然失色。

河馬喜歡整家子團抱睡覺。

Mei是園區裡的寵物，她是一隻美麗的瞪羚。因爲受傷，被園區收留，傷好了也就順勢留下，成了園區的寵物。

見到Mei的第一天，她遠遠觀察我一陣子，然後怯怯地靠近。身軀比動物影片中高䠷，細長的四肢，身上的斑紋，如此優美，簡直是造物的傑作。

這部車齡十年的露營老爺車Chaser，早該退役，但這次我們命運相繫，只求這個老傢伙撐過這兩週，讓我完成在南島的環島。

母鴨上岸，四處尋找小鴨，慌張失措，一直叫，好像希望剛才的那一幕不曾發生。牠原本有四隻小鴨，現在已經被海鷗奪走三隻，只剩下一隻了。牠保得住最後的寶寶嗎？

怪不得《魔戒》要在紐西蘭拍攝，英國作家想像中的「中土大陸」，火山峽谷、精靈國度，只有在紐西蘭能夠重現。

海邊的巖洞中，有個最寬敞而舒適的巖洞，命名為「梅林的洞穴」。據說梅林最後在此度過餘生。許多從事療癒的人，或是研習魔法的人，喜歡來這裡進行祕密儀式。

和伊麗莎白形影不離的黑色貴賓犬文森。

每次人生感到困頓、鬱悶、需要重啟系統，我便想要回到這個海邊的小鎮。爬上山崖眺望大西洋，沿著山脊走一下午，累了就躺在岩石上吹海風，曬太陽，跟世界保持一點距離。

在英國諾丁漢校園裡，跟隨一行禪師「行禪」(Walking Meditation)。
數百人迤邐徙徙如一條緩慢的河，流經蘋果園，漫入原野丘壑。

雪士達山依然美麗沉默，藏匿著神祕的閘口與通道；它同時在這裡，也在另一個次元。

在雪士達的針葉林中漫步，只見天地寂然，雪地吸納了所有聲音，
松針上掛著晶瑩如鑽的水珠，在陽光折射中閃爍著彩虹光。

挪威鋼琴詩人凱提雅・畢雍斯塔（Ketil Bjørnstad），音樂對於他是一種高品質的溝通，透過音樂，他希望更了解自己及別人的黑暗與光明。

《聲音與狂暴》樂團（Sound & Fury）在維撒拉率領之下出版了四張專輯：《雪》（*Lumi*）、《歌頌爵士樂之死》（*Ode To The Death Of Jazz*）、《看不見的風暴》（*Invisible Storm*）和《北歐畫廊》（*Nordio Gallery*），張張鮮活有力。

與芬蘭新音樂的一匹狼：愛德華・維撒拉（Edward Vesala）合影。

愛德華‧維撒拉（Edward Vesala）與他自製的樂器。他對於打擊樂器（其中包括他經常使用的中國鑼、鈸）的音色、音高、殘響的操控，顯然已隨心所欲。

愛德華．維撒拉（Edward Vesala）的所有樂器（上圖）與其住家（下圖）。

歐洲新音樂最重要的作曲家之一愛德華・維撒拉（Edward Vesala）率領其樂團《聲音與狂暴》（Sound & Fury）在芬蘭幾個城市進行小型巡迴演出，我應邀隨團，記所見聞。

打鼓的愛德華‧維撒拉（Edward Vesala）。

雙腿夾著低音黑管走路的傢伙：約貝（Joppe），低音黑管是他的愛人，沒有其他女人可以跟他的黑管競爭，總是敗下陣來。

校裡唯一傳授布農母語和布農童謠的胡金娘老師，雖早可退休，仍繼續奮鬥著。她希望母語能和音樂一起，至少被存放入記憶底層，有朝一日仍會浮出海面閃爍微光。

與霧鹿國小的兒童歌者合影。

在僻靜的霧鹿國小操場上，第一次聽見布農族的八部合音古調祭歌〈Pasibutbut〉（俗稱〈小米豐收歌〉）。歌聲由輕微如群蜂的低音漸次攀爬，上升的音階在半音階與三分之一音階之間游移，合音結構十分密實，恰似綿延不絕的山巒。

王浩一

他向山色去

看世界的方法 295

她從遠方來，他向山色去

文字・影像——王浩一、王曙芳
責任編輯——蔡旻潔
整體設計——吳佳璘
內頁排版——華漢電腦排版有限公司

發行人兼社長—許悔之
總編輯——林煜幃
設計總監——吳佳璘
企劃主編——蔡旻潔
行政主任——陳芃妤
編輯——羅凱瀚

藝術總監——黃寶萍
策略顧問——黃惠美・郭旭原・郭思敏・郭孟君
劉冠吟
顧問——施昇輝・宇文正・林志隆・張佳雯
法律顧問——國際通商法律事務所
邵瓊慧律師

出版——有鹿文化事業有限公司
地址——台北市大安區信義路三段一〇六號十樓之四
電話——02-2700-8388
傳真——02-2700-8178
網址——www.uniqueroute.com
電子信箱——service@uniqueroute.com

製版印刷——沐春創意行銷有限公司

總經銷——紅螞蟻圖書有限公司
地址——台北市內湖區舊宗路二段一二一巷十九號
電話——02-2795-3656
傳真——02-2795-4100
網址——www.e-redant.com

ISBN——978-626-7603-43-7
初版——二〇二五年九月五日
定價——五〇〇元

國家圖書館出版品預行編目（CIP）資料
她從遠方來，他向山色去／王浩一、王曙芳 著
—初版．臺北市：有鹿文化，2025.09
面；公分—（看世界的方法；295）
ISBN 978-626-7603-43-7（平裝）
719 114011626

自序

她的橫七，我的豎八

邀請曙芳合作《她從遠方來，他向山色去》是我的主意，兩人完全不同的旅行風格，一個是「山色有雲」，一個是「人間行者」。我的「山色有雲」像是織布機上的經紗，綿延青山的旅行主調；曙芳的「人間行者」則是緯紗，可以隨時調整花紗變動花色，靈動創新、任性自由。我們的合作，如同經緯縱橫交織，有東西方的美學生活經驗，也有平行時空的山水哲學底色。

關於「閱讀他人與旅行」，曙芳從藝術評論觀點，秉著無可救藥的浪漫，創作出許多上窮碧落的奇遇機緣，一路透著音樂的領路，認識了神祕學、蘇非哲學、能量醫療、古典醫學、精油愛好……。

關於「閱讀他人與旅行」，我是雜學與歷史「橫向思考」的理工腦，再揉入浪漫情懷的筆尖，書本裡總以「理性邏輯」梳理生活與資訊，於是三十年的寫作經歷，身分從城市作家進化到農夫大叔。

如同，書本編輯的左看右閱，這邊看看，那邊翻頁，我倆的專業領域與生命經歷，迥然各異，靈魂向右轉，個性向左轉。說來好笑，一位思想很東方，卻怪怪地學了西方數學；一位思維很西方，偏偏讀了中文科系。

曙芳的文字，年輕時已經屢屢出現在報章，多是音樂評論與遠走旅記。近年，我「重新」看到她私藏多年的報紙剪貼舊文章，歷久彌新。當年（報禁之前）的報紙標題斗大、文章字級卻非常小，攤開整頁副刊顯得擁擠密實，像是「字磚」堆疊，但是排版得又是段落有致，疏密有節，恰當的手繪插畫，讓副刊全版的平面設計「看起來非常文學，很高級」。副刊上曙芳的長篇旅記，排版結構著迷人的靈魅氣質，她文字裡的詩魂，沒有歲月的枯萎，依然熠熠發光。

在我四十歲尚未動筆寫作之前，是一位純讀者，曾經迷戀著每天各報的副刊餵食，貪看那些副刊作家的大小作品……。曙芳當年的年輕文字，我一定看過！也曾想像過她的「遠走

旅記」心思。當年不記得她的名字，只依稀知道有人在三毛之後，流浪著遠方，更多的遠方。我像是宅男的上班族，僅能讚嘆羨慕：好厲害的女生！

曙芳的「橫七」小資料

學中文的曙芳，旅行時，多是西方壯遊的跌宕遠方凝視。

書本的文字排列：橫向，左手翻頁。

對音樂敏感的她說，應該有多世輪迴，她是中世紀被迫害的女巫。

一，台南人

二，得過金曲獎，傳統暨藝術音樂最佳專輯製作人獎，二〇〇四年

三，台灣大學中文系

四，第一本書《音樂河》，一九九三年

五，旅行心事，穿梭時空的身心探索，旅行足跡多是歐洲平原

六，靈動調製，英倫風的沙拉醬汁

七，都蘭女巫，近年專注能量心理學療癒

浩一的「豎八」小資料

學數學的我，旅行時，多是走訪唐宋文學的清淡悠遠山水。
書本的文字排列：直向，右手掀頁。
靈魂多次論的我說，曾經有一世，我是大唐長安的老派學子。

一，南投人
二，得過金鐘獎，生活風格節目主持人獎，二〇一七年、二〇二三年
三，成功大學數學系
四，第一本書《慢食府城》，二〇〇七年
五，旅行心事，中年後的唐風宋雨，獨行心情多是青山一脈
六，橫向思考，雜學裡的歷史香料
七，府城一哥，近年梳理聰明慢老的生命主題
八，退休後說，寫作是我的勞動，我在追趕書寫創作進度

我笑著說，兩人「橫七豎八」的東西組合，卻是暗藏深意。

起風了，我帶著詩集去旅行

年輕求學時，喜歡捧閱著那些騷人墨客的旅行文字，有五言七言的詩作，有錯落多變的長短句。拍攝《浩克慢遊》前後八季了，歷經十一年，導演總要求我與克襄在幾個特定的動人景點，補上幾句內心話，精煉一些心情，以供定格畫面的潤飾，久之，竟也成了我的書寫習慣。於是，我說：「旅行，總是令人釀著詩興。」

多年來《浩克慢遊》每次小鎮之行、部落暢遊，或是遠遊農村、湖光流轉之間，都有薰然文字悄悄現身；山色蒼茫之際，也有不刻意講求韻腳的情緒。我珍惜這樣的詩意習慣，將慢遊情懷置入小詩膠囊，像是中藥鋪子裡，掌櫃背後那一格格不同藥材的抽屜，妥善收藏。

學習，是讓我對「旅行」保持前進的無限動力。在台灣角落，《浩克慢遊》遇見恆春半島的茶農、西螺釀製老蔭油的職人、玉井溽熱芒果樹下的達人、宜蘭水田晴耕雨讀的碩士農人……，旗山、美濃、北港、溪州、苑里、通霄、貢寮、大溪……這些遍及台灣角落的勤奮

人們，是我們在旅行之中雀躍拜訪、學習的對象。訪談他們對這片土地的堅持，觀察他們為這座島嶼的付出……。

十一年八季了，每一集的《浩克慢遊》節目，露臉的是克襄與我，也得獎兩次，但是大量的幕後人員更是功不可沒，謝謝他們。故事鋪陳、節目剪接、畫面質感、受訪者訪談、音樂搭配……受到許多觀眾喜愛，更是謝謝大家肯定。但是一些慢遊景點，我有更私密、更多文學的感受要寫出來，於是「山色有雲」就綜合了過去與當下的散文思考，因為我相信，有時候心中的情愫是畫面無法比擬的，有時候文字是更雋永的。

福山的華崗眷村，老榮民殞落之後黑瓦上的厚厚青苔

說一段山色有雲的小旅行。

那天又濕又冷，《浩克慢遊》從梨山到了福壽山農場附近的華崗眷村。那是台灣海拔最高的眷村（海拔兩千五百七十五公尺），過去因鄰近天池的蔣公避暑行館而列入管制，一般人要申請入山證才可通行，直到二〇〇一年解除管制，檢查哨改為派出所。海拔高，夏天冷

爽，冬天酷寒，是一處山之巔的祕境，算是遺世獨立的世外桃源，自有山色一脈環繞著。農作物的灌溉水，引自溫度不超過八度C的合歡溪冰泉，水冷與生長期更長的條件，加上清淨空氣與高山長年的雲霧繚繞，高麗菜、蒜苗等更加清脆香甜。寒意中，我們張望著菜園的球球綠菜，想像這是何種滋味。

眷村的榮民是一九七三年分發到此駐紮，直到蔣中正總統去世，駐紮國軍解散，一百六十八名榮民選擇留在山上，遂定名退輔會「華崗農墾區」。

然而這座早期眷村的榮民多已離世，剩下寥寥幾位。我們抵達此地，眼前荒涼、沒落，寂寥是我的初印象。老榮民們不敵歲月，逐漸凋零，第二、三代也早早外移發展。人去屋寂，黑瓦上因長年雲霧潮濕所滋長的厚厚青苔，鮮綠偎翠，成了我相機捕捉的美麗鏡頭。眷村人去樓空，可是我知道每座房子都是故事。

生活在如此眷村，如掃葉老僧
那些遠去不歸的戰伴
山嵐靜定在黑瓦的青苔上

我囊囊咄咄：偶而也曬一下戰後的舊軍衣！

在台灣的山色旅行，我總多了瞭望。旅行，是會上癮的。大叔的旅行，隨天氣流轉。烏雲中，有時陽光乍現；晴了，可能一下子風雨又來了。多年來，我總是這麼想著：在旅行中遇見的這些人，如果他們能飛，那麼他們休息的時候，一定睡在風中。

員山的神風特攻機堡，記憶太痛的〈紀念自己〉

再說一段山色有雲的小旅行。

二〇一三年《浩克慢遊》的宜蘭行，我們去了員山鄉與冬山鄉。冬山鄉在宜蘭平原東南端，員山鄉則位於宜蘭縣西部，西臨雪山山脈，是海拔有些高度的山丘地。

眾多景點，我們去了「員山機堡」，這個地方又稱「神風特攻機堡」，日治時期的軍事基地，現在「不太會被遊客列為必遊景點」。

簡單樸實的空間，一些太平洋戰爭尾聲掙扎的歷史現場，建築物後方設計了像隧道的長

廊，幽暗少光，斑駁、不修飾的水泥牆，掛上一些老照片，或直接噴字在灰牆。牆上一段段文字，都是即將在明天登機的年輕神風飛行員的生命紀錄，有的是飛行前的遺書低語，有的是當地耆老的哀嘆紀錄。沉重的生命在那個時代悲壯且悽苦，在現場讀來，依然不忍。《浩克慢遊》導演要求詩四行，但是感慨太深，幾個月後詩作〈紀念自己〉多寫了許多：

我是十七歲的神風少年
祖國的榮光只剩下灰燼和嘆息
沒有經過愛情的青春，太短
高喊萬歲三次，太愴
脖子上白色圍巾，太長
耳邊的引擎悸動著，太嘹亮
櫻花飄落，我起飛
飛機盤繞著我的中學校，三圈
像是曹操短歌：「繞樹三匝，何枝可依？」

伸出手揮動，依依告別師長
也告別昨晚酒後第一次的女性溫存
我所有的夢已經睡著
半醒的日初，是僅僅的最後記憶
青山太高了，任務卻太重
這次我的離去
只有思念與必死
晴空裡只剩白雲和年輕的生命
我用轟然狙擊的火焰紀念自己

目次

慢遊，抹茶山色的小車站

二〇二一年四月底，久違四年的《浩克慢遊》又將上路，重出江湖。幾次討論之後，第四季第一集的拍攝地選定了，就從「平溪線」重新出發！半年前，在臉書已經預告「明年春天再度行腳」，隨著拍攝日期漸近，我倆主持人期待，公視團隊也期待，觀眾也「千呼萬喚」期待著。

我在一次演講後，有聽眾問：「你們什麼時候要拍新的？我已經觀看重播八次了。」我笑稱：「浩克慢遊，應該是公視重播次數最多的節目。」「起風了，我們就上路！」當天，我是這樣回答的。

節目中，旅行從瑞芳站開始，我們在此換車，轉搭平溪線的火車，一路直接到平溪線終點站「菁桐」，全程約五十分鐘。旅行計畫是從終點一路往回走，第一天有菁桐、平溪、十

分（夜宿於此），第二天有三貂嶺、猴硐，前後共五站。

這次的平溪之旅，以新版本方式進行，這是史上難得一見的「小說式行腳節目」，克襄和我即使在旅行結束前，我們都不知結局……。

旅行，可能從照片，或是一首詩、一則故事而展開

天氣晴好。

火車緩緩前進，攝影組進入車頭，鏡頭以「列車司機的視角」開始，看著奔進的鐵軌，左右蒼翠山色擦身而過，這是旅人愉悅心情的開始。克襄與我各有一段設計好的旁白，他說：「一座迷人的城市，往往有一條適合流浪的鐵道，讓城裡的人獲得解脫。」我則說著：「高中時，第一次來平溪，因為團隊裡有一位暗戀的女生，風景都記不得了。」

終點站「菁桐」下了車，月台的另一端有大大兩座水泥建築，那是以前礦坑的洗煤場，建築下方採用騎樓跨越設計，為了方便列車的運煤車斗停放騎樓下方，從上方卸了煤之後，直接運走。

跨越鐵道，我們往「石底大斜坑」上坡走，石階苔痕清晰。一些破敗的建築，剩下的紅磚殘垣，廢墟美感夢幻極了；樹根誇張地盤據整片紅磚牆，根系脈絡清楚，交代著歲月久遠，人群不再。我們沉聲靜氣地各自拍照，矮牆陽光稀少處有苔蘚簇簇，亮綠靜影。這裡真好，適合偷閒躲靜，以前礦業蓬勃、人聲鼎沸，而今靜得只剩下風聲。

站在大斜坑的入口處，空拍攝影機騰騰而起，先拉著我們的背影，到了鷹飛高度，鏡頭不斷巡弋山間。畫面是，我們渺小地、寂靜地站在整座廢棄的礦區與滿山覆蓋的綠意裡。

我說：「此次的旅行，我想多聽一點礦工的故事。」

克襄拿出手機說：「我找到一張照片，一張女礦工的照片，可能是五十多年前，如果可以，希望找到照片裡的當事人，跟她聊聊。」照片裡有前後兩人，在黝黑暗窄的礦坑正蹲著休息，後面是男礦工，而前面的清秀女孩則微微轉頭，「巧笑倩兮，美目盼兮」。我眼睛一亮，菁桐是平溪線最後一站，這回的旅行我們逆行，每站沿路問人，應該問得到這位女礦工的消息吧。

平溪老街，三坑溪上的小鐵橋

平日的老街遊客不多，適合慢遊。從老街最高處的車站慢行下坡，克襄是平溪旅遊達人，他說「眼前的老街小徑，就是張君雅小妹妹在廣告中一路奔跑的場景」，哈哈，他不說都忘了這一則膾炙人口的泡麵廣告，我指著電線桿上端的古董擴音喇叭，問平溪這裡還用嗎？

在橫越三坑溪的橋上，這裡是鐵道迷「火車天上飛」的場景，克襄跟我解釋《天空之城》的礦廠區也有鐵軌從上方高高而過的場景。我們現在站著的地方，眼前高高橋墩，當火車從平溪車站開出，會緩緩「飛越」兩邊屋頂之間。這是鐵道迷的順口溜：「大華望古的火車等無人、平溪的火車天上飛、十分的火車逛大街、菁桐的火車倒退嚕……」

「我們在這裡等一下火車吧，讓你體驗一下。」

我將手機開啟錄影模式，有了小心思，待會兒火車出現在高空時，我要將鏡頭慢慢拉下來，拍溪水平緩如鏡的倒影，蔥綠水波微微，列車不上天，這次讓它水裡行。克襄大笑，「我來這裡拍過無數次，第一次聽到可以這樣拍攝的。」

轉到老街的十字路，有「新建成百貨行」，這間老店是平溪的明星景點，成立於一九五三年，店主阿嬤這時已經九十二歲，靦腆，身子硬朗，依舊堅守六十多年的崗位。她說著當年礦業商景繁榮，從日常用品進化到琳瑯滿目的百貨店。聽她訴說這裡的小站故事，是一種令人珍惜的歲月奢侈。我們參觀了店內，也各自買了一套女礦工的忍者頭套，一粉一藍，頑皮地套住頭，蒙臉露眼，算是娛樂大家。

當然，我們也問了她是否認識照片裡的女礦工？

這一段場景，導演要我在節目剪接了之後，在平溪老街畫面的留白處，留下四行小詩，當是斯景斯情的感想。這是《浩克慢遊》節目的特色之一，整個節目會有四處這樣的「安靜的時刻」，分別貼上克襄兩首詩，我的詩兩首，都是手寫的字跡。我寫：

火車窗外閃過抹茶綠的風景
在天燈與貓咪之外
旅人與山村老人相遇
總是在故事中聽到堅毅的春風

十分瀑布，我年少單戀的地標

導演聽了我高中時與一群男女同學到十分瀑布郊遊的故事，十七歲第一次來到此地，因為旅途中有我單戀的對象，沿途的風景都模糊了。他應該覺得有趣吧，特別為我設計了這段行程。

天氣轉陰，不久山雨趕上我們的腳步。

走過往十分瀑布的上游小徑，鏡頭裡，我與克襄走在觀瀑吊橋上，橋下有老綠的基隆河水，一段高低落差的水流，嘩啦嘩啦沛然水聲，形成眼鏡洞瀑布，河谷現出壺穴地形，兩岸老樹與碧綠水面相掩相映。

我倆站在吊橋上，空拍攝影機先飛過水聲澎湃的十分瀑布，再緩緩飛來停滯在吊橋旁，鏡頭裡我們正瞭望遠山近水，一派安適自得的模樣。

這裡的鏡頭，只會在節目上占九十秒的時間，算是一小段過場情節。我們必須回到十分車站，那裡有當地年輕人阿賢正等著我們，他目前在家鄉從事礦區旅行創生的工作。

阿賢的離鄉與返鄉，啟動礦業的創生

阿賢應該是台灣最年輕的礦工，十多年前返鄉，現在他在月台歡迎我們。

三個人坐在月台長椅上，好奇他的礦工之子身世。高中畢業後，他第一次離家，當時在月台上，礦工父親叮嚀說「不要回來了」，「這輩子不要當礦工」是父親唯一的心願。他留在台北打拚，可是鮭魚返鄉的心情愈來愈濃烈，最終還是回到家鄉了。「好想知道故鄉事」的強烈心情，使他瞞著父親當了礦工，念頭簡單，「想要有第一手入礦的經驗」。而此時也是台灣礦業日薄西山之際，他當礦工的日子不長，但是經驗珍貴。幾年後，阿賢不想讓家鄉陷入超高齡的泥淖，也不甘心只剩下天燈和平溪線火車，煤礦體驗或許是個機會，他有了一些想法。

「新平溪煤礦博物園區」是阿賢過去上工入坑的地方，一九九七年停止開採，關礦。近年轉型成寓教於樂、體驗礦工生活的園區，非常成功。阿賢引領我們在園區裡閒走，詳細介紹礦坑裡的設備與空間，走入一處模擬坑道，四面漆黑，雖然是改善版的坑道，我卻領教了「不見天日」的幽閉感。

參觀礦工的大浴池，更加鮮活想像當時的礦工生活。剛出了礦坑，一身炭渣漆黑的礦工，能有二十四小時的暢快熱水澡，真是最奢侈的享受。想想，熱氣氤氳，水煙瀰漫，一群黑麻麻的光身漢子，先在浴池外沖水乾淨，然後滑進裊裊水氣的熱水中……啊！能活著享受這一刻，夫復何言。阿賢說小時候家裡沒有熱水洗澡，傍晚喜歡來此等父親出坑，因為可以隨他在此洗熱水澡。

準備了礦工便當，紅花布綁著，讓我們想起當年《浩克慢遊》的竹山之旅，我們夜宿「天空的院子」，拿著早餐便當在八卦茶園饗食，當時也是客家紅花布綁著地瓜稀飯便當。吃著便當，克襄拿出女礦工照片，阿賢說這張照片他看過，「不知道她住哪裡？聽說是瑞芳。」

阿賢介紹園區的「獨眼小僧」電車，司機阿霞姐七十三歲，十八歲從北港嫁到平溪，一九七四年來到新平溪煤礦工作，是負責開電車搬運煤炭與廢石、電車的押車工。我們與她聊著為何遠嫁到這裡？當年的礦坑情況？一九七八年時的日薪大約二十六元，到了一九八一年的日薪是三百元，她工作到一九九七年關礦打烊。之後，有三、四年在建築業當打雜工，二〇〇二年回到「新平溪煤礦博物園區」服務。現在駕駛「獨眼小僧」[1]，拉著一列長長的

木造煤車，載遊客前去夜賞螢火蟲。

獨眼小僧礦車，螢火蟲與回家的路

天色漸暗。十分山區天氣甚好，雲薄晴空。

阿賢說著當年復育螢火蟲的念頭。小學時，他常在礦口等父親出坑下班，每個從隧道口出來的人都黑麻麻的，他無從辨認誰是誰，但總會有遞給他十塊零用錢的人，他就是爸爸！有錢拿，又可以洗熱水澡。

一天，他苦等洞口，卻不見有人給他錢。焦慮地等啊等，直到最後一人離開了坑道，等不到父親的他，一陣不祥的恐懼，崩天塌地而來，小腦袋裡盤旋著要如何告訴母親「爸爸已經死了」的消息，他摸黑回家。夜色蒼茫昏暗，邊走邊哭，淚涕縱橫，這時候的夜路上只有一閃一閃的螢火蟲伴隨……。雖然是誤會一場，但是這次的淒涼悲心卻成了他的童年創傷。

1「獨眼小僧」是運煤木造車廂的火車頭，最大的特色是駕駛座前方有一個大大的圓孔，像是獨眼，因而得此綽號。

而今，故鄉的礦業故事是創生的靈魂，但是要如何更上一層樓？阿賢想到了復育螢火蟲，把家鄉的生態重新整頓，也讓他童年時的螢火蟲回家。

我和克襄搭上兩人專屬的賞螢台車，阿霞姐慢慢地駕駛著獨眼小僧，趁著夜色出發。林間一片黝黯，台車鐵道哐啷哐啷發出聲響，左右飛著密密麻麻的亮線，大家無語，凝視眼前漫舞的螢火蟲。

克襄拿著手機，秀出照片，我們問周邊大家是否認識這位礦工女？

祕境野店，彎彎靜山的早餐組合

第二天清晨回到十分車站，遊客未到，鐵路兩旁的老街商家尚未開門營業，一派靜好的山中歲月風景。和風細雨，天光矇矇，遠處的雲山仍在甦醒中，月台上幾隻貓咪安靜補眠，店家屋簷下的鳥巢有燕子來回，忙碌疾飛的滑線，彼此交錯，此刻十分寮燕子啁啾，你會以為這裡是被巫婆魔法凍結時光的山村。

鐵道閒步後，在月台候車。有國中生一人，賣珠蔥的阿婆一人，還有克襄和我，我們準

備前往三貂嶺吃早餐。等車時，與阿婆搭訕閒話籃車上一把把鮮採的翠綠珠蔥，自己種的？去哪裡賣？售價多少？在短短車程中，克襄掏錢買了兩把。據阿婆說炒豬油就好吃了，不要下鍋太久。

三貂嶺車站實在有意思，當年設站時僅僅是為了方便煤礦輸送，沒有考慮有無多餘的民生腹地，也無客運的概念。鐵道迷稱這裡是「汽機車到不了的地方」，極端狹窄的月台，沒有聯外道路，下了車，要延著車站建築後方的窄徑步行前進。如果你第一次來，面對這樣的小路，會狐疑：「這樣走對嗎？」

節目的劇情是「我要向克襄介紹一爿早餐店」，任務設定「我要引路」，問題是，這個車站我沒來過，早餐店在哪裡？路怎麼走？我只有製作單位塞給我的一張簡圖（但不能給克襄看），錄製時我的表情淡定，地圖資訊不清，怎麼走？內心忐忑。克襄是平溪線旅遊超級達人，他嚷嚷說：「這裡能賣吃的，就那麼幾家，有啥神祕？」

兩人沿著鐵路小徑邊走邊聊，偶而停下來拍照，他屢屢跟我介紹這裡的興衰，指著鐵路另一邊的「碩仁聚落」建築群說：「那個碩仁國小，當年是礦工子弟的學校，煤礦關閉後，人數驟減，已經廢校多年了。」他知道我喜歡老樹，又說：「旁邊的民房有一株很美的老青

楓樹，待會兒帶你去看看。」

我們沿著鐵道越過基隆河，遠山的一樹樹桐花在雨煙中，清澈溪水汩汩流淌，河谷石階處處都是抹茶綠。白居易的「幾處早鶯爭暖樹，誰家新燕啄春泥」，應是這個季節的江南光景。早鶯沒看到，卻看到成群的藍鵲，在三貂嶺的魚寮郊野，穿梭雨絲。

走過幾個店家和民宿的聚落建築群，左轉上柏油路，車稀人少，才兩分鐘路程，赫然發然「山寓早餐」就在山腳路旁⋯⋯。這根本就是「祕境野店」，太迷人的小小磚造建築，店主人也是主廚，是一位去年移居在此、騎著野狼一二五的女生，她只接受預約，一次最多四位客人。一樓有三個座位，從寬扁磚牆敲出來的通風窗，也延伸出硬木板餐桌，簡約樸拙。二樓則有六個座位（屋簷下四個、戶外兩個）。小屋建築的右側山壁，即是已經廢棄封閉的三貂煤礦坑口，深邃坑口與文青早餐店，反差很大，但是太有意思了。

我們兩位大叔，也算是「旅遊圈見過世面的」，看著這間突如其來、毫無道理又理直氣壯、神來之筆的野店，只能讚嘆、驚喜。攝影團隊悄然捕捉我倆由衷開心的笑臉，帶有興奮躍然的左瞧右看表情⋯⋯。可能太開心無預期地發現這間店家的存在，事後節目企製特別問我：「剛剛那個表情是演出來的？」

早餐是搭配好的時蔬與麵包，也有青醬雞胸肉和水煮蛋。好喝的咖啡那是基本滿足，重點是遠眺橫馳的火車，來回樹間橋上，時隱時現。克襄向我說明遠端的碩仁國小校舍，鐵道迷都稱它「綠光寶盒」，他讚嘆「沒想到，這裡是眺望它視野最好的地方」。我在旅行結束後、回程台南的高鐵上，依舊感動滿滿地寫下四行：

山嵐晨霧細雨，有列車劃出直線
三貂嶺的河階上，桐花滿山
相信嗎？我們的野店早餐
就是彎彎靜山與咖啡組合

煮泥工作室後，下午時光的咖啡、慵懶和涼風

關於三貂嶺車站、碩仁國小、三貂嶺的礦業史與瀑布等等，有官方旅遊小書《平溪線上的綠光寶盒：三貂嶺故事地圖》，書本的承辦是新北市文化局，執行單位則是瑞芳社區大學，書本小標是「寫信給三貂嶺，記述郊村裡的鐵道、自然與生活」。另外，有一本小站旅行的書冊《三貂嶺，綠光寶盒》，作者是鐵道少女工作室，書本第一章「過站不停，全世界最貴重的孤獨」，戚戚焉同感，太喜歡這個標題了。

發現書裡有克襄推薦小文〈小站中的小站〉：「搭火車遊台灣，最精采的部分即是造訪小站。小站旅行，是一個人展現旅行風格的最好場域。三貂嶺，是小站中的明星，最孤僻卻也最亮麗。它集合了很多小站的特質，隱隱中，卻又有大站的風味。它是全台灣最詭譎、充滿神祕色彩的鐵道特區。一個值得您再三走訪，不斷發現新可能的地方。」

顯然克襄是識途老馬，但是節目的製作卻是有備而來，要端出「他所不知的三貂嶺」一叫陣。遠鏡頭下，我倆越過鐵道，走過學校，繞到後面斜坡，倚著山丘的苔蘚步道和幾座沒有人聲的舊屋。才幾步路，有一處「煮泥」在路底，這是一位獨居女子的陶藝工作室。她蹲在

門口搗泥塊、篩細粉，準備當是陶泥用。因為愛好攝影，她常常旅行各地，撿回不同土塊來創作，成了標記每個地方風情的茶器，我們與她閒聊一陣。她手上陶杯是台東泥土所燒製，鐵質含量高，溫潤淺灰中多了抹過的暗黑斑點，樸拙有韻，沉穩內斂。我問，可以訂做兩只陶杯贈友？

一處人煙罕至的世界角落，她在IG說：「因選擇住在自然之中而與土更接近，也因接觸土而更長時間生活在自然裡。二〇一八年底成立『煮泥工作室 Clay Cook』，持續捏土也拍攝。」

我們離開煮泥工作室前的山徑，前方民房有一株高大的老青楓，樹相俊秀，樹幅寬敞，翠綠掩空，樹幹布滿附生的抹茶綠藤苔，天光穿過樹梢映在枝幹，斑光透著亮綠，山居靜美無須多言。

行過樹下、幾個石階，有舊屋三間。斑駁殘壁後一處隱密咖啡廳，尚未營業。透過鐵窗望入，有兩隻斑紋貓端坐門口屋簷的桌上，認真地洗臉，拿著手機偷窺錄影，安靜得可以聽見雨絲，節目鏡頭拍下我的滿足笑意與幸福眉宇。依舊有小雨，攝影團隊悄然捕捉此刻祕境的靜謐，我悄聲在攝影師旁邊，看他所設定的上仰不動鏡頭，原來他正等著從山蕨尖葉垂落

下來的雨珠，晶瑩剔透。溫庭筠有詞「一點露珠凝冷，波影下午，滿池塘」，我說「四月山雨，人悄悄，等待蕨尖滴落春寒」。

上網查了資料，網路訊息是「Cafe Hytte廢墟咖啡廳，開車到不了的咖啡店，沒電話和菜單」，地點標記是在「碩仁聚落祕境咖啡」。開業時間未到，當天無法入內。我窺看到的是，日式透光的多片玻璃木拉門，店內隨性的桌椅，紅磚牆下有一張沙發。這裡賣的是午後時光的咖啡、慵懶和涼風。

猴硐礦工文史館，老礦工說自己的故事

下午，到了猴硐。我們不是來看貓，是來看有故事的礦工。猴硐是台灣礦業遺跡保存最完整的地方，因為地方蕭條，尚未被開發，瑞三本礦的坑口、整煤場、工人更衣室、工寮等等保留完整，深山裡甚至還可以看到遺留的機械⋯⋯。

撐傘前往礦工文史館，要去拜訪昨天阿賢介紹的南哥，他今年七十八歲。十六歲開始擔任礦工，共十四年，之後任職礦坑領班，直到一九九〇年退休。他與其他十位老礦工，用自

己的老人年金和長滿老繭的雙手，打造在地真實、貼切的礦工文史館，地點在「瑞三本坑」洞口旁的一處老舊建築，曾經荒廢的「瑞三煤礦礦業事務所」。

這趟旅行，從平溪線的煤業興衰到老礦工的故事，是緬懷，也是學習。

館內典藏主要來自南哥的收藏，他退休後，妻子每當清理家務時，面對堆積的各種礦工配備，便常從發愁到發怒。直到成立文史館，讓那些蒙塵的過往有了展現「光鮮亮麗」的去處，更多了告知天下的使命。幾位老礦工動手製作了簡易展示櫃，摸索著如何說礦坑裡的故事，娓娓輕言，他們不甘心「礦工的生與死被遺忘」。

我倆在館內聽著老礦工昔日的點點滴滴，真是令人低迴的時刻，礦坑死傷災難、熬不過病痛而自殺的傷感事件，一樁樁如此陌生的生命往事，令人不捨。訪談告一段落，我獨自在館內補拍一些幽暗、珍稀卻動人的舊照片。也記錄牆上的沉重文字：「愈深，溫度愈高，空氣愈少，死亡在旁邊偷看。」有標題「跑不贏死亡」，內文說著「有時聽到支架『吱呀』作響，你就知道要跑了」，那是「落磐」的前兆。盤壓過高，造成坑道內支架支撐不住而坍塌。老礦工說，也有人不會跑，「怎麼跑得贏死神？」

節目攝影機已經停拍，間暇，我與南嫂（她是坑外的充電工）聊著礦工眷屬的心情，她

說平日四點開始準備晚餐，這是最難熬的時刻。「今天，他會回來嗎？他能回來嗎？」最害怕不認識的人來訪，他們往往是通報噩耗的不速之客，提心吊膽成了常態。因為惦念，她笑說晚餐常常不自覺加了兩次鹽。懸念著先生或是兒子的生死，那是礦工眷屬的日常。

我是文史工作者，問她礦工平日拜什麼神？「土地公！」嗯，礦工與土神，蠻合理……南嫂繼續說：「入坑道前，都會在廟前祈求：『土地公，我把命寄放在這裡，等我安全出坑，再回來取命。請祢保庇我平安回來！』」她自嘲，說剛開始在這裡當導覽都是邊說邊哭，現在不會了。我看著這幾位老人，他們臉上現在充滿自在、淡定。我自忖，很榮幸有了這一趟走訪的體驗與紀錄。過去他們在漆黑的礦坑深處，現在他們把翅膀領了回來，而且記得怎麼飛行。

克襄問南哥：「你認識這張舊照片的人？」南哥畫著不易辨識的地圖，說她「應該是阿惜吧！住在猴硐，你們去找找看，她可能在家。」

告別了南哥，走下階梯，猛然發現剛剛前來的地下道旁，灰黑泥牆有大大的礦坑彩繪，斑駁褪色，但左側繪有一倩影依然清晰，她就是照片裡的清秀佳人，彩色的，美目俏笑。

我倆相視而笑，走吧，直接去尋她！

清秀佳人，六十六年前女礦工的故事

拿著地圖，我倆走回猴硐車站，穿越橫越鐵道上空的「貓道」高架橋，橋端這裡就是著名的「猴硐貓村」，沿路的貓咪乾淨又不畏人，成了療癒遊客的最佳模特兒。店家們盡是「貓主題」商品與陳列，斜坡上有座「貓咪資訊站」，牆上有可愛版的貓咪插畫，從外牆到內館則設有貓道、跳板，讓它們自由進出與遊戲。這是迷人的貓世界，會讓人由衷開心。

我們沒有停駐在這些向遊客招手的空間，僅以笑容看著路旁的大小貓咪。往前走，努力辨識地圖，直覺「應該快到了」。正徬徨不前之際，見屋簷下坐著一位阿婆正包著水餃，因為小雨依舊，天空陰霾，顯得孤獨卻生活感十足。趨前與她閒話，知道了她的年紀，也知道她是昔日礦工的眷屬，但不是女礦工。克襄拿出手機秀出我們正在尋覓的「照片女主人」，認識她嗎？她是誰？她還在？她住在這裡？答案多是：「不清楚，可能是她……」「來，我來帶路！」「不好意思，要不要撐傘？」

這位阿婆敲了一處鄰居的鐵門，喊著：「阿惜！阿惜！」屋內聽到熟人的喊叫聲，應了門。殷殷盼盼中的我們，禮貌地微笑，招呼請安，亮出照片：「請問這個人是妳嗎？」「不

是！我不認識！」克襄幾次來回確認，都是否認的答案，我們有點失望。但是我瞥見她偶而閃過的慧黠眼神，和調皮的笑意，我直接問她：「這張漂亮的照片是妳幾歲時拍的？」

「二十歲！」

大夥都笑了，阿惜阿嬤也笑了。既然露餡了，我們連串地問著她的身世與故事，這兩天的旅行，關於她身世的各種謎團與想像，實在令人太好奇了。

她今年八十六歲，換句話說這是六十六年前的照片，雖然歲月催人，她的清秀神韻卻依舊可辨，現在多了慈善眼神。妳當了幾年礦工？拍照時的礦坑現場狀況？妳是人家的養女，當時的生活狀況？有讀書嗎？為什麼不讀了？拍照時結婚了嗎？幾歲嫁人的？先生是礦工？有後代嗎？

不是要窺探她的私生活，而是她的女礦工身分，有那個年代的縮影與答案，故事迷人。她淡淡地說著，起伏、流動的歲月人生，沒有哀怨，沒有太多情緒，淡定釋然，是現在的生活態度。

「阿嬤，祝妳身體健康！」我倆同時彎腰向她謝謝，謝謝她開了門，也謝謝她的故事。我們內心有暖暖的慶幸：「找到了。」克襄說他一直有幽幽的擔心，怕我們去得太晚，老人

家已經不待。

旅行即將結束，彼此說出這兩天行腳的回顧與心得，「收穫頗豐，重新學習」是最大的感受。空拍攝影機盤旋在貓村上空，記錄著我們離去的腳步。

「平溪，再見！」

有魚，前往羅葉尾溪

《浩克慢遊》再度出發。這次算是第四季，話說第三季我們獲得了二〇一七年金鐘獎「生活風格節目最佳主持人獎」，但是獲獎當時我們已經按下暫停鍵，不知下次的出發日期。觀眾敲碗期待，其實團隊也期待，經過預算計劃、人馬歸隊、旅行地點確定，敲定日期：二〇二一年四月黃道吉日，我們再度上路。空白期間，我們停擺了四年。

第一集才收工，五月台灣COVID-19疫情開始嚴峻，外景戛然中止，接下來的拍攝全部停擺。才上路，被迫中止，第四季《浩克慢遊》外景拍攝，我們才走了平溪線一集。

然而《浩克慢遊》的粉絲頁灶火已經重新點燃，大家熱情互動與回應。現狀是「錄影停擺」了，沒有新鮮的資訊「餵食」臉友。問題是小編還是需要連續Po文，添加內容柴火，讓臉友維持關注。臉書話題左支右絀，小編請求兩位大叔火力支援，於是浩小編、克小編陸續

登場，撰文、轉貼、直播、吞劍、跳火圈……，臉書上我們以紙上談兵「取悅」大眾。

我開始回想，《浩克慢遊》前三季去了哪裡？陸續找出「大量，尚未歸檔的照片」，從照片之中，篩選有意思的往事、那些讓人悸動的旅行。所以「前往羅葉尾溪，找櫻花鉤吻鮭」的開心印象，就從記憶中鮮活了起來。

離開之後，才開始懂得的旅行回憶

浩小編的第三篇「有魚，羅葉尾溪」文字不多的小文、照片發表之後，我陷入五年多前的旅行回憶……，認真回憶昔日一張張照片，有依舊鮮明的，有逐漸淡化的，但是許多沉睡的記憶，卻在離開羅葉尾溪五年後醒來，也懂得了「當時看了，卻不是那麼明白的事」。

查看錄影當天照片資料：二〇一六年十一月二十日。

這集《浩克慢遊》地點是「南山與梨山」。旅行前，梨山我有模糊印象，南山則是初體驗了。這一趟，我算是南山素人！

往南山，主要目的是拜訪櫻花鉤吻鮭，牠們居住在宜蘭的南山部落一處杳無人煙的山溪

裡，那裡曾經是泰雅族人的狩獵區，也是山羌、山羊和黃喉貂棲息的家園。

如果遊人要去梨山，除了走南投「台14線」甲線之外，「台7線」是第二個選擇。這次我們的交通路線計畫，先南山後梨山，路線「當然是」走台7線。

旅行路徑由宜蘭員林鄉往崙埤、松羅、牛鬥、英士前進。還沒到棲蘭，道路轉入「台7甲線」（往台中梨山的方向）。台7甲線又稱「中部橫貫公路宜蘭支線」，這是日治時期的埤亞南（泰雅族部落名稱）「越嶺警備道」改建而成。我們從台7轉入台7甲[2]，大同鄉棲蘭的百韜橋是分岔點，也是起點。

羅葉尾溪，地處北台灣中海拔的原始森林，除了下游一段，大部分都在宜蘭大同鄉境內。溪水並非奔向蘭陽平原，而是轉向西南，流入台中市和平區，再匯集東南側的另一支流，之後改稱「有勝溪」，流至武陵農場附近，又與七家灣溪（另一處有櫻花鉤吻鮭的溪流）匯流，成為大甲溪源頭之一，最後流向台灣海峽。

---

2 補述：台7甲線如果直走梨山，長度約七十四公里。／小知識：台7甲線「南山部落」位於二十九公里處，宜蘭縣和台中市交界的「思源啞口」則在四十七點八公里，前往武嶺農場的岔口則在五十三點三公里處。

我們十一月抵達羅葉尾溪，深秋季節森林樹葉有些已經變色，櫸木、山漆、楓香等熟悉樹種總不讓人失望，在雲霧繚繞之間有黃橘緋紅參差。

啊，請森林裡的山神，幫助我們今天的行程，我們要來了

「埤亞南社」是南山部落的泰雅族語「Pyanan」，意思是「祖先曾經來過的地方」。這裡海拔約一千兩百公尺（比七星山主峰高一些）；二〇二一年一月八日，部落被飄雪覆蓋成美景，地方新聞騷動了許久。

「南山之行」的錄影時間與以往的《浩克慢遊》不同，場景在溯溪與磊石之間，也大大不同。貪黑起早，晨霧尚未起床，山路忽隱忽現，車子在群山溪谷之間一路向上，巨木屢屢秀立林間，蒼莽樹蔭顯得蔥蘢蓊鬱，雲霧濛濛。保護區位於雪霸國家公園，屬於武陵管理站。我第一次前往，什麼風景都好奇。

錄影結束，這趟旅行就被封印在電腦硬碟了。五年後，我初次檢查旅行檔案，第一張拍攝的時間是六點二十四分，地點是「南山國民小學」門口，群山晨霧依然有睡意，月亮尚未

退席，清晰可見。已經忘了當天幾點起床、幾點出發，只記得這次的旅行，適合寫詩。

車隊早早從宜蘭出發，一路蜿蜒上山。過了南山小學，在山路的大彎處「思源啞口」下車，這裡位於中央山脈、雪山山脈之間的鞍部，可以俯瞰江山，左右兩列山巒橫錯交疊，中間留有寬闊蘭陽溪山谷與沖刷平原，有層層緩緩的人家與梯田。兩端延伸的厚實山色各自有老綠、青綠繁複層次，我第一次見識如此深邃層層的曠闊山巒，晨風輕拂，有了仙人的視野，令人直欲乘風歸去。

抵達目的地，下車時間是八點三十四分，開始步行，準備入山。這次要去羅葉尾溪的櫻花鉤吻鮭保護區，有「國寶魚保育巡守隊」泰雅族的嚮導同行。嚮導聶曼・比令是護漁隊總幹事，登山口前，腰掛著彎刀的他，備有米酒祭拜「北泰雅三位祖先」，右手食指纏著芒葉禱告、吟唱：「啊，請森林裡的山神，幫助我們今天的行程，賜給我們平安，我們要來了。」他的聲音低沉，祈求團隊一行平安，我收斂起浮動的眉宇，肅然。

登山口地方，空曠，森然綠樹在遠處。大夥仰頭忙著拍攝寬敞藍天裡唯一的白雲，像是天使的翅膀，這是好兆頭，我們謹慎小心慢行，也虔誠地前進。

行進一、兩百公尺，道路終止，改循著清晰的獸徑入山。因為長年保護，大面積的原始

森林氣味逐漸濃郁，「森冷」是第一個形容詞，因為飽含著水氣豐潤的高濕度，寄附在大小喬木上的松蘿，髮絲濃密而低垂的姿態，加上橫木上的苔蘚與地衣，與剛剛所見的天光燦燦林間氣氛已丕然不同，霧氣氤氳飄渺，迷離深密而且神祕，對於大自然的幽黯而深晦，小心與踧踖，是我舉目讚嘆千年高聳巨木之外的心情。

都是冰河時期的記憶，毛山櫸與櫻花鉤吻鮭

跋涉行進間，來回橫跨羅葉尾溪左右岸。溪谷多處都可以看到櫻花鉤吻鮭，數量不少，但是個頭不大。話說日治時期有一位駐守在埤亞南鞍部的警察，他發現溪裡的魚隻像是北國故鄉的鮭魚，寄出一隻雄魚標本，通報與查證這種神祕魚隻。於是一九二六年夏末，博物學家鹿野忠雄來了，他振奮地看著櫻花鉤吻鮭。一九三五年，魚類專家大島正滿也來了，同樣表達不可思議的興奮，依魚身宛若櫻花斑點特徵，發現它與日本北方的櫻鮭相似，命名「台灣鱒Salmo formosanus」。我們叫它「櫻花鉤吻鮭」！

可惜，光復後此地進行大面積的農業開墾，羅葉尾溪的櫻花鉤吻鮭成了文獻紀錄裡的一

頁……，牠們已經滅絕。二〇〇九年，雪霸國家公園管理處首度到「保護範圍外的羅葉尾溪」流放魚苗。聶曼．比令述說連續兩年野放，每次約是三百尾。之後，牠們已經自己繁衍下一代，算是復育成功。「我們不需要再照顧牠們了，只要看守好森林，讓溪流在這兒繼續過去的奔流和迴轉。櫻花鉤吻鮭就能永續地存活。」

克襄問道：「泰雅族語怎麼講？」「Bunban！」此稱呼取自於溪裡有斑點花紋的石頭。聶曼．比令順手從水裡撈出一顆有著相同斑點的石頭，向我們比劃著花紋。

途中，聶曼．比令指著溪邊一株高聳的老樹，「知道它是什麼樹？」我推估約是四、五百歲，換算歲月該是明朝年間。「山毛櫸！」我認識，但見識有限。第一次知道它，是與櫻花鉤吻鮭同屬於冰河時期遺留下來的孑遺植物，也有「水青岡樹」之稱。克襄補述它還有另一個美美的名字「雲樹」，因為它是在雲霧帶裡生長的樹。

文學知識的「雲樹」解釋有三，是雲和樹合稱、高聳入雲的樹木，或是「比喻朋友闊別遠隔」。唐朝王維有詩「塞迴山河淨，天長雲樹微」，明朝劉基有詞「晚雲凝，晚煙橫，煙草茫茫雲樹平」。毛山櫸，雲樹，真美的名字。節目中這一段結束時，我有詩留下：

我的老書桌是櫸木
在森林裡，獨立的也是櫸木
舉著明史也舉著藍天
野溪穿越古木腳下
挽著櫻花鮭讓彼此相遇

南山部落，高冷高麗菜的故鄉

離開櫻花鉤吻鮭保護區，我們回到南山部落，下午要去走訪「高冷高麗菜田」。

被群山包圍的南山部落，夏季溫度平均二十五度，適合種植夏季高冷蔬菜，農田基本款有菠菜、蒜苗、青蔥等等，高麗菜則是最大宗。想像站在台7甲線路旁高點，舉目四周遠山環繞，眼前不管是溪谷河床，或是丘陵山坡，所看到的一大片緩坡田原，都是被翠綠高麗菜滿滿覆蓋，空氣裡瀰漫甜鮮菜香。視線從遠山、遼闊的菜田，再慢慢聚焦到腳下一壟壟整齊

的菜畦，僅能說：「壯哉！」

「真的是滿山滿谷的高麗菜啊！」這是來此的人們共同的驚呼。

四季部落與南山部落，兩者皆是高冷蔬菜的大產區，合計有三百三十甲之多，產量是全台之最。因此合稱「四南地區」，這裡就是高冷蔬菜的世界。南山部落比四季部落（海拔一千公尺）還高，此地有半年的時間雲霧繚繞。如果夏季你去，遇上耀眼的翠綠被迷濛飄來的雲霧輕撫而過，請靜心佇立，舉目環視，享受這一刻獨特的時光，應該會烙記久久。

這裡高麗菜盛產期約是每年四月到十月。《浩克慢遊》抵達的時間是十一月下旬，傳說中「滿坑滿谷蒼翠白綠的高麗菜」已無，換來的是葉茂脆甜多汁的大白菜與其他蔬菜，遼闊壯觀依然，菜園一路綿延到山林交接處，一樣看得心往神馳。

來掉一下書袋：高麗菜不是韓國妹，她來自歐洲，起源於南歐地中海地區。台灣是在大航海時代由荷蘭人早早從歐洲引進，為何稱之「高麗」？它的拉丁文是「caulis」或「colis」；英語「Cole」、德語「Kohl」、義大利語「Caule」，荷蘭語則稱之「Kool」，它的發音是[kɔ:lə]，我們的先民以閩南話跟著荷蘭人稱呼，時間久了成了台語，有一天要把它漢字了，便以閩南音轉換成「高麗」名稱，這完全是美麗的誤會。

《浩克慢遊》抵達時間是下午的兩點三十分，遠山雲霧已起，天色並非爽朗，但是更有仙境感覺。讚嘆菜田廣袤、高山境遠，「長在這裡的青菜真幸福！」我和克襄恣意遊走田間，導演的長鏡頭把我們身影放得深遠，顯得孤寂渺小，背景則是山嵐靜美、遠山疊翠……，此刻應該是「故作文青」畫面效果，但是我們聞到的都是濃濃雞糞味。

行走其間，低頭觀看菜畦地質，碎石砂礫滿地，與台灣西部平原肥沃土壤是極端不同。我的念頭是，這裡泰雅族的菜農一定是加倍努力，才能得有眼前這一片茂美鮮綠的世界。我以為，此來拍攝豐饒美景之外，我已經得有他們祖靈庇佑，肅然而低沉的祝福！

這段高麗菜文章在臉書貼出。果然如預料，有人問：「這在台7公路上……河床遍地種植高麗菜，這樣好嗎？不會過度了嗎？」

我的回覆：當然有爭議。但是四十多年下來，此地水土保持不差。抵達南山部落，我會用「族人也需要生存」的視角觀看：「他們用高冷蔬菜滿足城市人，也獲得經濟溫飽。」這個爭議不容易有讓大家都滿意的解決方法。只能說，我在這裡學得，不應該只用城市人「愛地球」來說嘴，如何「兼愛」需要更大的智慧。

不時不食，是一種環保態度。如何照顧原住民的生計，則是一種科學與哲學。

復育有成，櫻花鉤吻鮭數量破萬創新高

櫻花鉤吻鮭被稱為「國寶魚」，理由之一：牠是冰河時期孑遺物種。理由之二：牠在台灣生存，是「鮭鱒類」在地球分布最南端的紀錄，稀有，可貴。因地殼變動及氣候暖化，後來不再降海洄游，只出現在大甲溪上游支流。理由之三：牠是台灣的環保良知的指標。

二〇二一年九月二十三日，《聯合報》的生活版報導櫻花鉤吻鮭的現況：

光復後因為山林開發與攔砂壩阻隔，影響了櫻花鉤吻鮭繁衍，一九九二年調查時僅剩兩百多尾，之後雪霸國家公園、武陵農場、農委會林務局致力推動差除攔砂壩、人工養殖流放、退耕還田於林等等，二〇二〇年監測溪流櫻花鉤吻鮭數量首度破萬，達一萬兩千五百八十七尾，創歷史新高。

報導說，櫻花鉤吻鮭適合生存在攝氏十七度以下環境，未來氣候變遷加劇，依然威脅生存。要持續擴大造林面積、保存棲地並加強移地保育。未來保育工作是，要放流到海拔兩千

兩百公尺的南湖溪，其水溫比目前棲地再降三至四度，避免暖化造成水溫升高，人為干擾也更少。

二〇二〇年「族群數量普查」報告，大甲溪上游支流紀錄如下：

七家灣溪：六千七百二十七尾

羅葉尾溪：九百六十二尾

有勝溪：九十二尾

合歡溪：四千零六十五尾

德基水庫：一百五十六尾

其他溪流合計有六百七十七尾……

我以為一輩子要參與一次的「台灣旅行十大」清單：

一，太平山的山毛櫸步道

二，農曆三月的媽祖遶境

三，台南孔廟的春祭、秋祭

四，恆春半島十月的滿州賞鷹

五，櫻花鉤吻鮭的生態棲息地……[3]

3 編按：作者另有五處旅行口袋名單，尚未披露，就留給讀者揣想了。

曾經，山色空濛的日月潭

書寫日月潭的文章太多了，那些形容「水光瀲灩」的筆頭，總不免引借古人筆下的西湖詩句，隔空移植。當然，有人說日月潭的山稜線比較聳拔，煙波更美，靈性更加飄渺，倒影更顯婆娑。也有人說，三月西湖的桃紅柳綠比較嬌韻，月光帶有宋詞味。

我說，日月潭這汪水，有著一股燙貼著台灣靈秀的神仙氣。

颱風天，各種灰階的卷雲在日月潭上空暴風驟雨

二〇〇六年的夏天，全家難得計劃到日月潭一遊。

對我而言，一位南投人，幼時早已走遍溪頭和日月潭，熟門熟路。這一次，在負笈他

鄉、旅居台北三十年後，有著舊夢重溫的企圖。但對於家裡兩位新生代，日月潭算是初遊了，他們行前對山水沒有太多想像，青少年嘛，他們只能無奈地陪著家長規劃著家庭旅行。

結果，日月潭之旅的前一天，氣象報告預測將有輕颱接近陸面。一陣考慮後，決定風雨無阻依然前往，到了才發現整個飯店空蕩蕩的，幾乎所有遊客都取消了行程。所以，我們獨享整個涵碧樓飯店的偌大空間，升等住進高樓層，有超寬落地觀景玻璃的房間。憑窗鳥瞰湖面，感覺我們獨享了整個日月潭一泓綠水，這真是個美好的住宿經驗。

其實風雨不大，倒是天空各種濃度的雲霧像極了層次分明的潑墨，風雲快速地變化，遠山忽隱忽現。遠近之間，迷霧當是雪紡布幕，這一陣子看見湖面上的山稜起伏，下一個片刻轉成遠處濃淡相錯的群山，偶而一場驟雨打來，雨勢不小，環湖山群隱伏不見，只看到巨大的霧氣騰騰飄來，迅速籠罩，然後張揚倏然而去。

一家四口就這樣佇立在大片落地窗後，面向莫測的雲雨山影在千里之間來回，各種灰階的卷雲鋪天蓋地，雨滴如豆奔瀉著，看這呼風喚雨的磅礡天地，油然多了一種臨場的搖滾區興奮。湖面就在不同的雲影中，深深沉浸在「興風作浪」雲雨裡，或舒緩或緊湊，或融合成一色，或離散為輕重。大家靜默地看著風雨交加，聽著暴風驟雨，我們就在如此詭譎飄渺的

美麗中，震顫流連。

家人讚嘆，真想不到台灣有這樣美麗的地方！我則是完全領略蘇東坡當年凝視著西湖的飄搖風雨，一句「山色空濛雨亦奇」背後的大自然感動。

晚餐時間，因為遊人稀疏，在品食每道佳餚之間，多了餘裕跟餐廳經理閒聊。我問今天風雨盛會，雲水交歡，應該是日月潭最美的時刻？他說：「我自己的經驗，這樣風雲激盪的日月潭，是第二名。」咦？還有第一名？那是什麼時刻？

仲夏的午後，遠山忽然飄來一朵厚厚深灰的雨雲，雲下雨量如瀑，接著聽到大雨響亮整個日月潭的湖面，從遠處快速襲來，奔過湖面，愈來愈近，然後千軍萬馬撞過整個飯店。這時候，最適合靜靜地站在落地窗後，觀看豐沛的雨勢，感受那個磅礡的驟雨能量……才一陣子，西北雨群便毫不留情地飄揚遠去，只留下暑天特有的沁涼，那是夏雨獨特的香氣……。

他說：「我覺得，它是我的第一名。」

為了文藝營的最後一堂課，我先去了日月潭體驗美食

三年後，又有另外的境遇，我再次到了日月潭。

二〇〇九年夏天，我受邀擔任聯合文學「文藝營」的飲食文學組導師。這是一項大工程，從開出邀約講師的名單，到規劃學員七堂課程之間的起承轉合，我慢慢沉澱整個企劃後，有了架構概念。

我的想法是整個系列課程，共七堂課，要有一位「美食的開門人」，所以，說了一口好菜的吳恩文以「快樂廚房」開場。接續的課程中有談傳統小吃的滷肉飯傳奇，和時髦的水果旬食祕密，也有品酒和品茶的精神入門課，然後是我自己的飲食文學寫作經驗分享。

最後壓軸的，是誰？要談些什麼？我有朦朧的想法，但無人選。

一天下班時，車上聽到中廣陳文茜專訪日月潭雲品酒店執行長張安平，節目中，文學氣息濃厚的執行長談了一些旅行與品味的關係，也涉及雲品酒店裡的美食製作，如何加入他的文學想法。當下，我知道文藝營最後一堂課該找誰、該如何定調這一系列的總結了。

我決定要先走一趟日月潭！專程去品嚐雲品的美食，感受屬於日月潭當地特有的美食滋

味。然後，在最後一課堂裡與張執行長對談，撞擊出一些美食色香味與文學的火花，讓同學們享受與感受張執行長受訪現場、張力四射的迷人美食哲學。

住進日月潭雲品飯店，午後茶食與水邊散策

第一印象的雲品，有禪味，靜謐中有淡淡的暗香在流動。

抵達時，已經接近午時，拿著相機像狩獵者環視著大廳，恣意按著快門，把許多第一眼的鬆快印象記錄下來。腳步滑動著，鏡頭的構圖轉成一幀幀畫面。快門啪啦啪啦地獵取著，畫面有設計者的巧思創想，也有他對空間的謙讓。大廳空間裡的美學擺設不是為了風雅，也不是為了標立文化上的形象，倒是謙讓出大片的留白，讓視覺不受干擾，可以清透看出窗外的水光山色。

關於這一汪碧水，雲品懂得，也有深情。

中午就選在茶食的「雲水坊」用餐，三面觀水，窗櫺旁錯落擺置著二十四座銅雕，關於傳統節氣的哲理，以稚氣的幼童表情貫穿古人的季節體驗。擺設逆光，以湖水當是背景，僅

是雕像的輪廓反光，即可微察隱藏不語的春去秋來，貼燙著季節更迭悠悠的千古。看著窗外，啜著當地魚池鄉的阿薩姆老欉紅茶，沁郁甘潤，香韻悠遠。茶杯仿汝窯的雨過天青，荷葉緣，有古趣。

茶食，我靜靜品嚐「京都黑糖葛根涼粉」日本味的甜品，豔紅色的漆器大碗，盛裝湯湯水水、半透亮的涼粉，裡頭有兩顆蜜黑豆，上面撒上小撮細薄金橘皮提味；小碗與碗托都是黑色，裡邊佐混著沖繩和台灣聯手產製的黑糖，摻攪著蜂蜜，黝黑的糖漿上綴飾著純金薄箔，非常好看。再以長板白瓷盤當是底盤，紅黑白，淨潔雅緻。沾著特調糖漿的葛根粉塊，沁涼，精采甜味，深邃有層次。

向晚，我獨自漫步在環潭步道，以木板鋪架在水邊，有時穿過林木，有時傍在湖畔，微風水聲，蟲鳴鳥叫，徜徉，彳亍，徘徊，逗留……久居在都會裡，已經好久沒使用這些散步字眼了。雅興不減，我穿梭在彎彎曲曲的木棧道上，「鬆走」與「盤旋」是行進間的腳步節奏，許多愉悅的辭彙陸續甦醒，而且鮮活了起來。

遠望是濃淡不一的重山，近身的水湄岸邊，則排列著種滿密密麻麻野薑花的浮圃，寬扁的大木箱，像是花朵的船隻，一方一方的框架，隨著水波上上下下、搖搖晃晃，沁郁的香氣

也一陣一陣撲鼻而來。潔白的花朵，翠綠的長葉，晚雲長風，我開始期待，今晚在「寒煙翠」用餐，全套的野薑花饗宴，會是什麼滋味呢？

巧饌雅食、美宴佳餚的日月潭，我也品嚐過了

當年雲品網頁介紹「寒煙翠」餐廳，說：「日月潭之美在於一日數變的光線幻影變化，寒煙翠佐湖光山色入饌。」嗯，佐當地野薑花入饌，期待！

開胃的「玫瑰花蘋果醋」順口沁香；小菜有乾扁四季豆混拌著細嫩薑絲和醃橄欖片，另一小碟則是日月潭當地醃漬的脆梅數顆，適口不嗆酸，整個食慾都醒了，味蕾開始敲碗。

「繽紛花卉巧碟」冷盤是厚重的琉璃盤，造型不俗，八樣小食交錯擺置：烏賊卷包著超薄小黃瓜和蝦子、絲瓜卷塗著微量芥末醬、火候到味的紹興醉火腿。第四樣是平擺著的卷壽司，上面有一爿野薑花瓣和些許鮭魚卵，微香，味道精準，非常爽口。接著是半月狀的蓮藕，洞裡塞著紫米；第六樣蟹肉方凍，以蔬菜高湯混入吉利丁當基底，方凍裡有蟹肉絲、三色彩椒和野薑花，滋味甚好；最後是芒果三角切片和漬過酸梅的番茄子，一橘黃一鮮紅，繽

紛好看。

後續上桌的是「花瓣勾翅燒帶子」，魚翅的上湯汁是以老母雞加上金華火腿、瘦肉塊燉煮十二個小時，用小火慢慢煨出來的，金牙翅鋪在兩株軟嫩娃娃菜上，旁邊一枚干貝和一朵青江菜。至於野薑花和加拿大進口的鮮帶子，就藏在魚翅與娃娃菜之間。之後，「鮮奶薑花燉雞湯」，以椰奶鮮奶二湯燉煮雞腿肉，調味的有野薑花瓣、青薑片、野薑根片和香茅等等，湯汁醇郁濃香。

主菜「野薑花野菜豬珍肉」，之後是「掛綠鍋貼餃」和「總統魚小包」。話說總統魚為日月潭特有的淡水魚，魚肉細緻鮮美，但是魚刺繁多，本名稱為曲腰魚，早年因老總統的讚嘆而得名。湯包餡的魚肉已仔細剔除魚刺，料理後，佐以烏醋薑絲滑嫩宜人。過程中，主廚又端上當地醃漬的嫩薑和嫩脆的大根切片小碟招待，嚐嚐日月潭當令山產特有的輕辣與微酸味。這些鮮嫩爽脆的口感，讓已經飽足的胃，又騰出些許空間，期待壓軸菜上桌。

外觀趣味的「野薑花紫米粽」，一張竹葉和一張野薑花的長葉，十字交疊包裹後像顆毽子。一球粽子由白山藥、紫山藥、枸杞、綠豆沙、栗子、紫米、糯米、紅棗、桂圓肉、薏仁、炸過的白果和蓮子等混合而成，最後鋪上野薑花瓣，入鍋蒸煮。整球粽子，分量不大，

小口小口地品嚐，因組合的餡料多樣，每一口都有不同的組合美味和口感，饒有巧思趣味，也甚是精緻好吃。

雲淡風輕、秀麗風情的日月潭，我觀看過。濃雲驟雨、漫天迷霧的日月潭，我凝視過。現在我可以說，巧饌雅食、美宴佳餚的日月潭，我也品嚐過了。

與母親同遊日月潭，在玄奘寺巧遇唐三藏大師

二〇一一年夏天，受邀到埔里山城的一所學校演講，分享關於「舊建築．新美學」心得。當時的想法很簡單，幼稚地自忖是忝有小名氣的文字工作者，近年常受邀到各地演講，唯獨家鄉南投沒有動靜，於是暗暗下個決定：「凡是南投任何地方的邀約，海角天涯，我一定排除困難，使命必達！」

演講的前一天，我與母親先到日月潭過夜。

記得過年時，聽家母談起她已經六十多年沒再遊日月潭，上次去是讀台中女中時，十五歲。過了七十五歲之後，常聽她多次談起那個少女時代對日月潭種種美好的回憶。於是決定利用這次講座的機會，邀家母在伊達邵的民宿過夜，好好地陪她暢遊闊別一甲子的日月潭。唯一的條件是，在學校演講時，她也要安坐其中聽我口沫橫飛，家母欣然同意。

先到高鐵台中站接她。一路東行，下午三點多，雲很厚，將雨未雨。開著車開始環湖，如果下雨，日月潭的水色會有一番煙雨之美，我是如此想像。

我們沿著環湖公路順時鐘，往北走，右邊的湖光，左邊的山色，車速很慢，幾公里後，抵達了青龍山的山腰——玄奘寺，拾階而上。因為烏雲低壓，山雨隨時滂然而至，遊人怕掃興，多已離去。寺廟沒有其他遊客，庭院幾株高聳蒼綠的南洋杉與鋪滿地面的細小白石子，顯得更空寂與肅穆，進了正殿我們合掌禮拜。因為文史調查的習慣使然，我開始端詳四周陳列的文物，靜謐地在殿內移動。

母親倒是跟住持聊了起來，住持很親切，好奇地問我們倆是何種關係？因為她沒看過這種組合：一位五十多歲的中年男子，和一位近八十歲的老婦人。母親驕傲地答說：「大兒子帶我來日月潭旅遊！」

我有點心虛，五十多歲了，慚愧，這還真是第一次母子兩人的旅遊經驗。我加入與住持的談話，得知這座寺廟創建於一九六五年，供奉著玄奘的頂骨舍利子，而這舍利子又是在一九五五年「日本崎玉縣慈恩寺還給我們的」。「還給我們的？」什麼意思？怎麼會？中間原由，這位住持無法回答我的問題。

離開日月潭之後，我開始做功課，企圖拼出這裡面被遺忘的故事，我有考古控，開始在歷史大河溯溪而行。當年，我正書寫著《英雄的十則潛智慧》，書寫的計畫是「寫十個卦，同時有十個對應的古人」，以他們的智慧與英雄事業來對應《易經》的卦意爻辭。有點靈異，我每寫完一個卦的一萬五千多字文章，往往會感應下一個「要我寫出的古人」，透過幽微的訊息，他會來召喚我。於是我想著，這該是玄奘大師在找我嗎？要寫寫他的故事？

從大唐貞觀一千三百年來，歷史上發生了什麼事？竟讓我在一千三百年後，在日月潭遇見這位大旅行家、大宗教家、大翻譯家。旅行結束回家後，我潛入大量的考據工作，上天下地，完成了〈孤影西征十七年〉，洋洋灑灑一萬四千字，除了考據「玄奘為何在這裡」的典故，也寫著青年玄奘二十八歲即踏上西行，被困、被擒，險象環生。寫他如何面對在劫難逃的生死一線，也看他如何絕處逢生。最後，東歸之時，四十四歲中年的他如何懷著複雜的心

情，攜帶經卷還鄉。

謝謝在日月潭偶遇的玄奘大師。是他，讓我從《易經．損卦》看懂二十八歲的青年玄奘，如何西行取法。至今回想這一段玄奘寺往事，仍是不可思議。

除了魚池鄉金針花，我們也到水里鄉訪友

二〇一五年，盛夏剛過，《浩克慢遊》第二季的最後壓軸之旅，我們到了日月潭。這一集山色空濛的湖水不是主角，她僅出現在開場畫面，貼近水面的碼頭視野，山色倒影，嵐氣情深，搭配無人攝影機的高空鳥瞰鏡頭，湖水如鏡。節目最後再回到日月潭，攝錄旅行結束的收尾鏡頭：我們在向山遊客中心，灰雲微雨，各自撐傘，站在一潭碧綠湖水之畔，彼此交換這次旅行的結語……。

節目頭尾兩端的中間，走訪水里鄉上安村的一處老五民宿，青山綠水之間，我們要去聽故事，聽九二一地震、幾次颱風的土石流逃難故事。閒坐民宿木屋矮矮的屋簷下，幾杯咖啡，那些驚心動魄的往事，民宿主人卻以悠悠且雲淡風輕的口吻，慢慢訴說著。語調輕柔，

我們卻有悚然的現場感受，大地不仁，身為人子的我們要如何看待大自然的反撲？

關於這次的日月潭旅行，腳步刻意「更緩更慢」，因為導演要求我們「感受地震後，土地癒合的溫柔」，有一個鏡頭拍攝著克襄閒步綠色院子之間，他拿出畫冊素描，寫生著身旁的陌生植物枝葉。我呢？獨坐在微暗的室內，天光從窗外斜入，企圖寫出當下心情，我說：

朝露與山嵐是久違的舊友
眼前的水泉山澗則是老情人
這次的步伐有我童年的眷戀
卻多了對大自然的敬畏與順從

次日，到了位於魚池鄉西南方的頭社盆地，原是邵族的舊聚落，因為是由濁水溪逆行上往林地、進入邵族領域的第一社，故名頭社。

我們前去尋找跳舞的泥土與金針花，關於會跳舞的泥土，是因為這裡擁有世界少有的泥炭土，以及世界唯一盆地形的草泥炭區。話說這個盆地古早前曾經是淺湖，久而久之，湖面

的雜草密集纏繞形成漂浮的島嶼，前人在島嶼上覆蓋更多泥土，兩百年來，堆疊了相當厚實的土片新生地，也漸漸覆蓋整個湖面。於是這片草泥炭區，表面是翠綠草皮，草皮下是泥炭，再往下則是湖水。當我們行走其上，用力踩跳，可以感覺像是水床的晃動，驚險有趣。

神奇的是，先民竟然在這張超級大的彈簧床上挖出溝渠，耕耘種植蔬果。持續至今，頭社發展出大片大片的絲瓜專業區。騎著單車恣意閒走，一路上瓜棚綿延，黃花綠葉下，垂滿大大小小的絲瓜。入境隨俗，午餐有一盤生吃絲瓜，佐芥末醬油，口感脆甜。

然而最壯觀的是平地金針花海，我與克襄走入黃澄澄的金針花田之中，享受被整片花海包圍的感動。除了訪談工作中的大姐，我們也彎腰動手加入採收行列，感受占地約三公頃的花田，完全被黃海包覆的氣勢。

旅人從水邊看山看雲，也看花
近處遠處一片黃
這裡進行著一場節慶叫做驚喜
那是豐收預言，也是寓言

冬季唯一的黃花，水社柳一樹樹的黃燦燦

頭社的美好經驗縈懷不去。二〇一六年初，我有春節計畫：大年初二，我與家人從台北塞車到南投魚池，過日月潭而不入，就是為了貪看冬季才開花的「水社柳」。我曾經在《聯合副刊》發表〈獨占一季冬的，黃〉詩作，其中一段描述它：

水社柳，老樹一排
學者說他們是金柳，住在頭社濕地
初見面啊，陌生的冬季花朵
官印上，註記著「瀕臨絕滅」身世
枯葉落盡，風起
樹椏上有滿滿花穗，美麗而歡愉
一樹的燦黃，一樹樹的黃燦燦
獨占一季冬天

告訴家人幾個月前，《浩克慢遊》在此觀看了滿谷的金針花。這次我想專程前往，就為了親炙這一排樹的黃花。抵達，當地友人面有歉意地說，今年天氣冷冷熱熱，樹花才開了一半，尚未高峰。完全無妨，初見的花色我已經滿足。

特別的是，今年有養蜂人專門在此採集水社柳的花蜜與花粉。站在樹下，我們聽養蜂人娓娓說著他家三代的蜂蜜故事，宛如黃金的蜂蜜知識，有趣，陶然一樂。養蜂人體貼我們的好奇，掀開樹腳的蜂窩箱，挖出一小坨蜂蜜，色澤透明，淺黃微橘，香氣清淡馥郁，我們珍惜地品食它優雅淨甜的滋味……。今天塞了許久的車程，這一口蜂蜜完全滿足，是樹花之外的另一個滿足，值得一記。

日月潭向山，湖岸有一線落羽松的水色倒影

二〇二三年八月，我第N次前去日月潭，這次的新理由是去向山遊客中心前，看那一線沿著湖岸栽種的一長排落羽松，雖然不是最佳賞樹的十二月至一月之間，但是遠看湖水倒影中上下落羽松的綠韻，成了心靈小憩的浪漫。

向山遊客中心，是二〇一一年啟用的觀湖景點。由日本建築師「團紀彥」設計，以環抱日月潭為意象，整體設計以融入原有地景為中心思想。心思是，以多種弧形從地面拉出所有空間，尋求與大自然的和諧。

鳥瞰遊客中心，由兩棟建築如太極魚纏綿組成，中間有大通道可以穿越兩棟建築，遠眺湖水。屋頂由低到高配置，斜坡式草皮可直通屋頂，讓遊客能登上屋頂遠眺，或是在建築之間大跨距的半開放空間，閒步或是佇立其間，靜觀遠望日月潭一泓水色。

近二十年來，日月潭種下數量甚多的湖畔落羽松，已經日益高大。日月潭落羽松非森林密集式，而是沿著湖邊水岸，一株挨著一株，曲折蜿蜒的一長排，非常適宜遠處湖水倒影賞樹。向山遊客中心處沿著「環湖步道」旁，設有自行車道，湖水與松綠波光粼粼，一帶翠綠盡入眼底。深秋季節，落羽松變色換裝之際，一路紅、橙、黃、綠四色漸層絢麗的顏色之美，更顯夢幻，難怪會被CNN評選為世界十大最美自行車道，有遊人說：「在自行車道的每一次回眸，都能收獲不同美景。」

彎路，暮靄蒼茫的層巒疊翠

梅山舊稱「糜仔坑」。相傳兩百多年前，嘉慶年間，梅山街區是商旅出入平原與山區的必經之地，商賈多來自北港、嘉義等地，他們與山區人民進行物資交易。因為行程遙遠，商旅會在此地休息。人們聚集，自然有了商機，有人開始在這裡蓋起小屋販售糯米粥（米糕糜），香綿暖胃，讓行人補充熱量，犒勞路途辛苦。此地漸漸形成街市，因而得名「糜仔坑」，再改取個端莊名字，稱「梅仔坑」。

日治時期，一九二〇年，這裡的行政區改名為「台南州嘉義郡小梅庄」，可是當地人覺得「小梅」地名不夠大氣，而且「太娘了」，希望再次改名。直到光復後，一九四六年，才得以稱之「梅山」，與松山、竹山並立。我曾經想過，如果地名依舊是卡哇伊的「小梅」，今天的小鎮旅遊一定更加有魅力。

如果小鎮名字還是小梅，旅行日記應該更浪漫

梅山鄉位於嘉義縣東北部，是個東西橫向、非常狹長的行政區（長寬約是四比一），共有十八個村，由西往東，分布在丘陵區、淺山區與深山區三部分。市中心街道在鄉域西端，屬丘陵區，由梅北、梅東和梅南村構成。

二〇一五年，《浩克慢遊》要去「太平與瑞里」，是屬於深山區的兩個村，位於梅山鄉域的東邊。

五月十六日星期六下午，我從台南出發，走南二高，下梅山交流道。沿著「162甲縣道」由西向東，從海拔一百公尺的山路開始，一路蜿蜒攀升到一千公尺，沿途分別經過丘陵、淺山與深山的地形。

引用黃春明的文字「以髮夾彎盤旋而上，碰上絕壁，轉個大彎，便又峰迴路轉」形容之，即可理解這段路程中多處曲折崎嶇山路，沿路共三十多個大轉彎，號稱「太平三十六彎」。162甲縣道是除了阿里山公路之外，進入阿里山的另一條路徑。

我往「太平村」前去，彎路不斷，陡斜山坡攀向天際，綠峰嫵媚如長歌，傍晚山色光影

變幻萬千。我獨行，車子一路往東，車速緩緩，觀賞沿途彎路風景。夕陽西下，天色漸暗，海拔漸高，落日餘暉出現在山路的腳下，由下而上顯得詭譎。我臨時停車駐足，臨風鳥瞰腳下平原丘陵的暮色，千頃萬里，放眼山谷與巒峰明暗相掩，真是潑墨濃淡好看。

抵達太平，天色更暗了，暮靄蒼茫的層巒疊翠，感受落日後的靜寂。嗯！自忖這次的山村之旅，有意思了。

早起，請在「天接雲濤連曉霧」裡醒來

當夜入住太平村的民宿。團體早上七點起床，七點半準備與大夥共進早餐。我卻聽到隔壁房拍攝團隊歸來的聲響，與置放東西的碰撞聲。到了餐廳，攝影團隊興奮地述說著，他們五點不到就出發了，滔滔地興奮說著，剛剛「太平三十六彎」如何籠罩在清晨雲霧裡，清逸山嵐如何顯得山村仙氣飄飄，空拍機如何拍出了繚繞峰巒雲海……，我懊惱起床太遲。

飯後走到屋舍外，我依然觀看得到山雲捲舒，雖已淡稀許多，還是迷人。想起白居易的句子「嵐霧今朝重，江山此地深」，原來，太平之旅要與晨曦同時起床，要在「天接雲濤連

曉霧」感受中出發。

在老街店家採買，我的苦茶油有童年滋味

太平村舊名為「大坪」，乃因村民聚居於廣大平坦的山區平地，故取名為「大坪」。老街早期是山產集散地，至今仍保有懷舊的古早味。團隊到了錄影點準備開拍，空暇間我環視老街，有些小農已經出現了，陸續開門的店家販賣著草仔粿、山蕉、新鮮的李子、愛玉籽、蘭花盆栽等等，還有瓶瓶罐罐的「苦茶油」。苦茶油耶！好久不見。

我童年時，這是母親的健康食品，她曾認真地執行過「那個年代的健康任務」，常常添加在白飯、麵線裡，有一股說不出來的「微微草腥」，小時候聽到名字「苦」已經沒啥好印象了。長大後，才明白這個獨特清雅味道是「大人的味道」，小孩子不懂。

現代人在食安的陰影之下，老祖先的苦茶油成了最後的堡壘之一。茶油色清味香，營養豐富，耐貯藏，是優質食用油。然而，這個台灣阿嬤級的寶貝，大部分的人卻無法具體描述什麼是「苦茶油」？我們來做點小功課：

苦茶油是用油茶樹的種籽，先曬得全乾，中溫冷榨而得。它不是「茶籽油」，兩者全然不同。所謂「茶籽油」又名「茶葉籽油」，它是得自泡茶用的茶株，所收集開花結籽榨取的。兩著營養大大不同，苦茶油完勝茶籽油。

油茶樹是山茶科「山茶屬」的常綠小喬木，生長於海拔一百至一千兩百公尺間（太平村海拔一千公尺，非常合適生長），秋季開大型白花，數量不多。這些製油的果實，從開花、授粉到果實成熟，必須經過秋天、冬天、春天、夏天再到秋天，歷經五季的風霜雨露。因為次年秋天時，既是綻開新花，又是老果實成熟時，所以茶農有「抱子懷胎」之說，讚譽它是盡取天地日月精華的人間奇果。

油茶樹喜愛土質疏鬆、肥沃、濕潤、排水良好的酸性土壤。過去從苗栗以南到嘉義山區，山谷常見整片油茶樹，遍植成林。但是後來茶農多改從事茶葉烘焙製作，油茶樹漸漸被茶樹取代。近年，苦茶油的需求量變大，種植面積增加，已經有油農引進更具經濟價值的油茶樹品種（屬大果油茶樹，品種多來自中國）。

台灣原生種有二，屬小果油茶樹，以「短柱山茶」最被稱讚，不飽和脂肪酸高達百分之九十，採收成本高，味道比較苦，量少，價格高。油茶種籽可以榨油、花可以泡茶、樹枝還

可以萃取做飲料，用途更多樣。

俱東亞特色的苦茶油為世界四大木本食用油（橄欖樹、椰子樹、油棕樹）之一，它的物理、化學特性與橄欖油極為相似，有「東方橄欖油」之稱，含有豐富的單元不飽和脂肪酸，也有山茶甘素與維生素A、E，是植物油中的精品。

苦茶油的發煙點還比橄欖油更高，無論煎煮炒炸，甚至涼拌均可。苦茶油除了食用，也可作為潤滑油、防銹油用於工業，厲害了吧！

我在老街買了一瓶苦茶油，收藏在背包裡。沉甸甸的，今天它將陪我錄製整天行腳太平的節目。回家之後，我會把它與麵線調理，那是「思念童年時母親的美食滋味」。

文學成了旅行的理由，我喜歡太平老街這樣的鋪陳

日治時期的太平老街，是附近龍眼、碧湖、太興村民進出必經之路。他們把木材、竹子往梅山運輸，因為路途遙遠，這裡成了大家休息、補給之處。

樸實寧靜的太平老街上，有一九四六年開鋪的張家「隆榮商店」，之後擴增規模。門

口有木牌「張文環故居」，標記著這裡曾經住著台灣日治時期的重要小說家。張文環在一九〇九年出生，十三歲移居梅山小鎮，就學之前，他便簡居於太平這爿商店建築裡。

張文環十八歲時，赴日本岡山中學就讀，再入東洋大學文學部。二十三歲畢業後與王白淵、巫永福等人組織「台灣藝術研究會」，發行純文學雜誌《福爾摩沙》。然而他的著名小說《閹雞》等創作背景，卻多取材於他童年的太平故鄉，筆下的風俗民情與生活經驗，勾勒了那個年代的空間場域。

近年，太平老街創生復興，即以他的筆下描述文字，潤飾整個街道，濃濃的「文學地景」確實更添老街雅韻。許多店家屋簷下，多掛上鐵製的公雞圖案掛飾，文學成了旅行的理由，我喜歡這樣的鋪陳。

「隆榮商店」一樓是柑仔店，二樓是可自由參觀的文學館，貼有張文環的歲月年表、舊書桌椅，書架上擺有許多張文環創作的作品如《山茶花》、《滾地郎》、《夜猿》、《重荷》、《閹雞》等。

既然是老街，當然有老屋；既然太平鄰近阿里山，老屋當然是檜木所建。《浩克慢遊》當年走過幾棟老舊建築，最後走訪一座巷弄內的木作老屋，我們在屋間穿梭參觀，引我興趣

的是門扉上的對聯：「螢照古人書」、「鳥喧高士榻」，頗有思古幽情。這兩句典故我懂，撫惜紙張斑駁之餘，我多了禮失求諸野的慨謂，山村隱鄉之處也有書香。

掉書袋說說「高士榻」的典故，那是古人非常有意思的一種境界。話說東漢有位太守陳蕃，性格方正嚴峻，不喜歡官場來回接待賓客的應酬潛規則。他得有一個成語「陳蕃懸榻」，原因是他在府邸設有一床榻專門招待高士徐穉，每當徐穉盤旋幾天後離開，陳蕃就把床榻高懸，不理會其他閒雜人等的需求。後人將此「懸榻」舉動，指是「以禮接待賢人」。

二〇一五年《浩克慢遊》來訪老屋，主人「以禮接待閒人」，這個紅底金字對聯竟成了預言。二〇一六年當節目播出之後，老屋前埕掛出了「巷弄古厝」照片，照片裡克襄與我並坐板凳上，一派輕鬆，翹腳閒適喝著飲料的模樣，我倆竟成了老屋招牌人物。

這張大大的看板也寫著：「……住家的窗櫺保有古味，木門還是好幾十年前的模樣……如果你不小心彎進了小巷裡的住家，居民也歡迎你來看看他們種的花……」這一集節目畫面上，有我的小詩：

那是讓人心底安寧的木紋

山居裡有櫻花落盡後的篤然
月兒圓過了，我想聽聽
門扉開關了百年之後的吱呀聲

問梅，還沒離開新武部落

二〇二一年初，在安平的書房與幾位老友小酌閒聊，這是我們十多年的習慣，總是一段日子後，大家聚到我的書房談談最近各自忙些什麼？有何新鮮見聞？

往往不設話題，內容卻如蜿蜒而流的山溪小河，順著地勢或直流或彎淌，或緩溏或急湧。從美食體驗到文創事業，從國家大事到生活瑣碎，從旅行到新書閱讀，再從新電影、音樂會一路說到最新的韓劇等等，無所不談。偶而會另邀其他不同領域的外圍朋友參加，聽他們說說啤酒如何在家釀製、臉書的經營祕訣、佛經義理的學習、新創作的甜點品嚐……，關注不同領域的世界，也算是長些知識，我們氣壯但是心虛地說這是「中年讀書會」。

常是威士忌作陪助興，但是隨著年紀增長，品茶的次數漸多了。

初春，往新武呂溪旁的群山而去

友人聊到他們上個星期在台東池上的活動，其中去了新武部落走訪初梅，話題繞著交通與花況。部落離池上才二十多分鐘車程，整個山野盡是梅花滿坡，嘆為觀止。「浩一，你下個星期要去台東演講，應該去！值得去！」初春料峭季節，櫻花尚早，梅花已經騷動，我的旅行心思也開始驛動。

多年來一直嚮往南投風櫃斗、牛稠坑、烏松崙，那兒是台灣最大的青梅產區。今年冬季依舊盤桓，寒風未去。那裡，這個季節的山區，總是梅花綻放，白靄靄的花海溢滿山坡。憶起二〇一九年正月，一個人的旅行，我獨自到了滁州醉翁亭，走訪歐陽脩當年手植的古梅，白梅初放。老幹蒼勁，新枝上盡是即將怒放的花蕾。花季難測，我去得早，僅有一成花朵綻放，稀疏之中另有一番期待，也多了疏影橫斜的美學感受。那次的滁州之旅，關於遠行賞梅這件雅事，我完全體會了陸游《卜算子．詠梅》的心情：

驛外斷橋邊，寂寞開無主。

已是黃昏獨自愁，更著風和雨。
無意苦爭春，一任群芳妒。
零落成泥碾作塵，只有香如故。

像夢境的梅魂，一期一會的旅行

詩人王維，為何問梅？

他的詩句文意簡單，僅僅二十個字，我學童時背過的：「君自故鄉來，應知故鄉事。來日綺窗前，寒梅著花未？」至今，仍可琅琅上口。王維在孟津住了十多年，久在異鄉，有人從家鄉蒲州來，他心中故鄉的一株寒梅，有思念萬千，也有他依然清雅潔淨的初心。

賞梅，不管是前往眺望玉山山頭的信義鄉，或是南橫公路旁的台東新武部落，我知道從安平出發，山都在很遠的地方。然而，梅花靜靜地等著，等著我的啟程。書房聊天後的一個星期，我出發了，從台東海端鄉走南橫公路台20線，往新武呂溪旁的群山而去。

新武部落，令人屏息的山色

賞花地點的網路資訊細節不多，在Google Map輸入「新武部落」，螢幕出現了「新武部落聯絡道路」，部落屬於「海端鄉」，我開車往關山的方向前往。台20道路，即是南部橫貫公路，簡稱南橫，一般僅稱台20線的山區段為南橫公路。公路的起點在台南左鎮，東走高雄甲仙、桃源，台東的海端則是終點。

車子在台9線直行，經過關山往池上前進。半途，即可看到台20線的路標，右轉進入，繼續前往海端鄉的市中心，一路車少人稀。不多久看到沿路的海端郵局、海端鄉公所、海端國小、海端車站等等。五分鐘車程後，這一小段店家民房的街道改觀了，恢復自然景觀的公路。陸續看到左右幾株怒放一樹的梅花，訪梅心情開始有了期待與想像，「一片梅林」會是如何光景？在蜿蜒的公路上，一旁的卑南溪開闊的河床，對岸不是萬傾的綠野平疇，卻是山壁一堵，山勢開朗中俊秀兼具，山水相連，山高樹茂。

天氣明亮，料峭寒風完全不影響遊興，過了初來國小，卑南溪改稱上游為「新武呂溪」。新武，在布農族語言是「兩溪匯流之處」，也是新武呂溪與大崙溪交會地，至於海

端，布農族語原稱「haitotowan」，意思是這裡的「地形三面環山，一面是開口」。

此處河床地形開始有了巨大改變，稱之「新武路峽」，也稱「新武呂溪峽谷」，位於初來與嘉寶兩地之間。是沉積頁板岩受壓而形成巨大岩板後，夾入結晶石灰岩，經過千萬年孕育成大理石岩盤。因為溪流沖刷、切割形成了壯觀的千巖萬壑巨石峽谷，河床石壁非常陡峭壯觀，車行其中，蜿蜒中顯得巍峨挺拔。堪稱南橫東段美景代表之一。

幾個山清水秀的彎路，上坡處出現「新武部落」路標。車子彎入支線，才走了一小段路，自然知道「祕境就在這裡」。因為道路左側一大片梅花林，些許陡峭的山坡，花海盛大豐美，已非「一抹白」可以形容，應該說是「白雪覆山」。

新武部落位於三條河流匯集的台地，是海端鄉最西側的布農族部落。部落共有兩處梅花林，因為位處台灣東部，又是南橫公路深處，即使假日也遊客寥寥，賞花人可以獨占山林花間，非台灣中部幾處熱門梅花林可以比擬。

我的賞梅計畫是「先遠觀，後入林」，走在道路另一端平坦處，眺望梅花林。「紅者霞豔豔，白者雪皚皚」是白居易在忠州栽花種樹之際，對紅白花色的形容，他在《東坡種花二首》說：「持錢買花樹，城東坡上栽。但購有花者，不限桃杏梅。」走在遠處靜看山坡，遙

想四十八歲白居易當年說白色花海宛若雪皚皚，人生一快。

其實，道路的一側是平坦低地，也植有不少梅樹，中間雜有李樹、桃樹、櫻樹、杏樹，花瓣相錯相掩，淡粉、粉紅、桃紅、雪白花色參差，這裡成了辨識這五種花樹的教室。穿梭其間，一陣忙碌拍照後，覺得自己剛剛的舉止像極了是「迷惑中，有些小狂亂的花蝴蝶」，「太多好拍的美鏡頭」成了相機飽餐的理由。

慢慢走入梅花林，應該說是「爬行」上坡，新枝老幹皆蔥蘢，不知是春光斑爛，或是梅香浮動，在時間感十足的鐵黑色梅樹的清臞枝幹之間移動，巡弋花間，疏影橫斜，腳步踩踏滿地花瓣，陣風落花如輕雨。坡陡、石亂、梅樹斜枝橫逸、樹影斑駁。「歲月靜美」竟成了賞心悅目之餘，詞窮後的感動總結。

林間樹下，有花農再利用的大油桶當是儲水桶，不經意探頭，只見水面盈滿，半漂半浮的點點梅花瓣，掩著枝綠，映著天藍，襯著雲白，按下快門，這幀圓形構圖的鏡花水梅照片，竟成了這次如同虛幻旅行的美好註腳。

吉普賽人：時間是用來流浪的，靈魂是用來歌唱的

一期一會，是日本茶道的成語，意思是在茶會中領悟「這次的相會無法重來」，是一輩子才有一次的機緣，賓主盡歡也相互珍惜。一期，是人的一生；一會，是僅有一次的機會。一輩子僅有一次的「絕美體會」，我們在絕對感動時，油然而生「怦然又黯然」的矛盾感受，那是一種想要永遠封印的美好記憶。「怦然」，是這種珍稀的心動無法形容，無以名狀。「黯然」，是這個美好以後再也不會發生了，即使發生了，也今非昔比，心境不同。這次的新武部落賞梅記，應該就是這個感覺吧！我的情緒複雜，久久依戀，不捨離去。

花季結束，尚未離去
還在部落的路徑
編理拾來的梅花歌兒
要記錄這次的重量，儘管像是仙人那樣輕少
但是我要用詩句標示我們的愛情海拔

然後珍藏日子

於是在相思海泅泳，想撈出龍宮
在情歌森林裡尋覓，想伐下幾株神木
企圖用萬寂殘紅的手
掀動一陣風強雨驟
如果可以，讓它雷聲震慄吧
狂妄，以遠山的殘雪引發一場風暴
因為那個揪心的思念
把我囚入無風的獄房
我想，把事件鬧大，相思就會變小

等待重聚，數著日子
我會帶著詩集來，你尚未看過的

所有惦記的心思都在，都還在
這是一次心靈作業
有沾了松煙的墨色
是小醺的春光，太明亮了
是半山的春梅，凝鮮渲染
是盛裝的春香，款款而來裙擺搖搖

這座部落，禁錮著我的落梅印象
蠻居在此的雲朵，默對著我的吐納波動
此山冷然的坐姿
是慵慵悄悄，是
與你小別時，我的獄房

天涼，到南橫公路東段走秋懷舊

秋天的詩句，古人多有送行，蘇軾說「廢沼夜來秋水滿，茂林深處晚鶯啼，行人斷腸草淒迷」。但也不乏遠望遼闊，李白說「人煙寒橘柚，秋色老梧桐」，但是相思之情卻是最多，王建說「今夜月明人盡望，不知秋思落誰家」。

計劃在起風的十月，秋高氣爽之際，深入南橫東段，這次要前往比新武部落更遠更高的地方，尋幽而去。如果新武部落的梅林是「走春」，那麼「走秋」儀式一定另有一番風景。

二〇〇九年八月八日，莫拉克颱風的風雨嚴重影響台灣，南橫多處橋毀路坍，道路自此中斷十多年了。年輕時曾經走過向陽、啞口、檜谷、天池……但是時間久遠，印象只停留在「四十年前的依稀」。二〇二〇年一月十三日，新聞發布「梅山口—天池」有條件開放，這是好消息，超過十年的等待。

二〇二一年秋天，避開颱風季節，這次計劃重遊舊地，從台東海端再度出發……。

走楓，縱谷平原的秋色

二〇二一年十二月初，《浩克慢遊》前往花蓮，旅行重點是光復鄉和壽豐鄉的豐田三村（豐山、豐裡、豐坪）。我對這兩處印象有限，過去多是「花東行的路過」，於是努力做了一些功課，預先建構旅行前的空間與動線。

我篤信「一個人如果不讀書，行萬里路不過是個郵差」，這句話不是詆毀郵差的工作，而是你有看過工作中的郵差一路遊山玩水？他們忙著穿街走巷，在水濱山間來回，無餘暇、無心思「看盡長安花」。

當你有了知識與常識，往往「看到的東西會不一樣」，這是「先知道，還是先看到」的辯證。我常舉例，你每天路過巷口的小麵攤，平凡不起眼，也沒吃過，不知店家陽春麵滋味如何？一天有美食家推薦它是「最好吃的遺珠之憾」，當你知道了這個資訊，以後每次路

過，便會不自禁看著門庭的長長人龍，自忖，改天也來試試吧。

基本上，我們是「先知道，才會看到」。所以，這次的花蓮行，我決定要好好地準備「先知道」，努力做足功課！

花蓮光復鄉三大聚落：太巴塱、馬太鞍、大和地區

光復鄉，位於花蓮縣境的地理中間，身處縱谷平原，西邊是中央山脈，東邊是海岸山脈，這裡的人們只要遙看山脈便知東西南北，方向感無虞。人口約是一萬兩千人，一半是以阿美族為主的原住民，一半是漢人。行政區有十四個村。

我是學數學的，即使是輕鬆旅行，也會自動啟發邏輯思維，整理出一些當地人文資訊，歸納出地方的「前世今生」。貝聿銘說過：「如果要從旅行中獲益，就必須先學好歷史。」

光復鄉十四個村分成三大聚落：

太巴塱部落，有四村，位於東北

「太巴塱」在阿美族語是「有很多螃蟹」的意思，部落處處可見木雕螃蟹圖騰。此處是台灣生產「紅糯米」的最大產區，紅糯米是一種陸稻，植株高度可達一點五公尺，秋天日照短之際，才會抽穗開花，熟成季節約是十一月中旬後。稱「紅糯米」是因為富含花青素，糙米外觀色澤紅潤；另有稱「天使的翅膀」，則是因為穀上有長長芒穎。過去產量少，成了用在婚喪祭典、祭祀祖靈的珍貴食材。《浩克慢遊》拍攝部落的生活作息，大叔我倆有跟Ina一起摘野菜，有跟Ina一起用酒釀煮紅糯米湯圓。那是部落的熱情，也是深秋到來的朋友的嚐鮮體驗。節目裡，我留下詩句：

我們都是野菜的貴族
住在縱谷溪邊感激城池
以陽光的手採收太平洋雨水
再用那一鍋酒釀煮開紅糯米的味蕾

馬太鞍部落，有六村，位於西北

位於馬錫山山腳，「馬太鞍」在阿美族語是「有樹豆」的意思，樹豆是原住民的主食之一，阿美族將它視為吉祥物。樹豆又名木豆、蒲姜豆、白樹豆、花螺樹豆、觀音豆等等。當地設有一處「馬太鞍濕地生態園區」，離光復糖廠（一九二一年創建）不遠，湧泉不絕的天然沼澤濕地，有豐富的鳥類、蛙類、底棲性魚類等多樣化自然生態。

大和聚落，有四村，位於西南

「大和」正式建村於日治時期，是非官辦的移民村，因為「鹽水港製糖株式會社大和工場」成立，需要大量勞動人力，因此吸引來自台灣各地的勞工進駐，逐漸聚集成村。現稱「大和」，多是指大豐村與大富村，鐵路設有「大富車站」（創設於一九一四年，現今是花東沿線停靠車次第二少的車站），出了車站大門，眼前筆直方向，有不到兩百米長的「店仔街」（現稱明德路）。

在日治時期，因為製糖產業的興盛而繁華無比，小小的村落中，製糖季節住了數千名「臨時」蔗工，時間久了，從工寮成為村落。風華時期店仔街曾經擁有七家冰店紀錄等等，難怪稱「大富」。《浩克慢遊》光復鄉之旅結束的場景，就在天色漸暗之際，我倆離開大富車站，並肩走在暮色的舊街，沒有遊客，街燈已亮，空拍錄影機漸漸升空，鳥瞰此刻縱谷裡靜謐的昭和街屋與大富車站……。

關於「大農大富平地森林」的前世今生

這次光復鄉之旅，最驚豔的是「大農大富平地森林園區」。行前，手上的腳本只有簡單的資料說明，平淡的文字，我沒有太多期待的景點。

但是我和克襄到了此地，分別騎單車並肩賞楓，筆直小路，置身在整齊高聳的楓香林，看著遠處路端的視平線消失點，顯得寬廣且深邃。我騎著單車悠悠晃晃，慢慢欣賞寬闊密集的林相，楓紅尚未，葉色已見微黃。雖然錄影流程要來回騎三趟，但我們完全樂意配合。拍攝過程喜出望外，開心啊，我立刻有個念頭：「下次再來！我要來看看四季不同的風情。」

必須梳理「大農大富平地森林」的前身，我翻閱史冊，整理資料。所謂日治時期的「大和」稱謂，是「大富」、「大豐」、「大興」和已經廢村的「大農」四個聚落。而此平地森林所在位置，原是大農與大富兩處種植甘蔗的農場，所以得名。

日治時期的大正年間初期，正是第一次世界大戰（或稱歐戰）之際，這場戰爭是歐洲歷史上破壞性最強的戰爭之一。戰後重建，與台灣最有關係的是「蔗糖外銷」，日本製糖株式會社拚命賣糖到歐洲，填補因戰爭嚴重短缺的「甜菜糖」。當年日本政府與製糖會社賺得荷包滿滿，於是台灣各地有更多土地被墾殖為蔗田。

一九一三年，日本人的製糖產業擴展到花蓮，一九二〇年，花蓮製糖所大和工場在光復鄉成立，迎來一部分日本人移民，也有大批閩南、客家人為糖廠工作而來。他們在此定居，逐漸形成村落。今天的「花蓮觀光糖廠」又名「光復糖廠」，依舊留有大量的雙拼木構造建築，就是「大和工場」的員工宿舍。

二〇〇二年，隨著台灣經濟轉型，糖廠政策改變，使長達八十年的花蓮甘蔗年代劃下句點。台灣糖業公司對這大片土地的何去何從有不同想像，他們開始種植大量林木，由農委會林務局規劃發展的平地森林，占地一千兩百五十公頃（相當於一千七百五十座世界盃足球場

的面積總和）。如果從花蓮市開車南下，走台9線，過了糖廠煙囪便會看見連綿的大片森林。如果從台東池上北上，過了瑞穗鄉的富興村，便可以看到林木密集綿延。

園區昔日是蔗糖農地，日本人將廣闊的農場劃分為整齊的方格，二十年前改種樹木之後，昔日的農路成了四通八達的幽徑。因為森林是規劃過的純林計畫種植，每個區塊的林相不同，十年樹木，二十年樹林，三十年便處處都是龍貓隧道了。

這片森林園區，是花東縱谷最高地段，屬河流上游，多是旱地，昔日種植甘蔗與鳳梨等耐旱作物，如今改種密集樹木，為縱谷平原保留一條綠帶。過去只有在山區森林才可看到的台灣山羊、黃喉貂，現今屢屢可見蹤跡。這裡也是清晨賞鳥的好地點，環頸雉是主角，也有花蓮縣鳥「朱鸝」、山紅頭、烏頭翁、翠鳥、少有的水雉、黑翅鳶等等，同時也有生性隱密的栗小鷺、黃小鷺、緋秧雞……，季節不同，賞鳥人也在草地上發現數十隻渡冬候鳥「金斑鴴」漫步情報。林務局報告結論是，隨著時間的變化，動植物結構也漸漸開始演替當中。

園區種植了近二十種低海拔常見樹木，有台灣櫸木、烏心石、楝樹、樟樹、光蠟樹、楓香、大葉楠、茄苳、青剛櫟、烏桕、台灣欒樹、豔紫荊、黃花風鈴木等等。森林之間，建置了十三公里的自行車道。穿梭林間，感覺是個無限暢騎的追風奔馳之地，那天《浩克慢遊》

我們僅來回三趟楓香林道，下次來，應該可以騎得更遠，往森林深處去。

元旦後寒流將至，我「旅行複習」大農大富平地森林

二〇二二年元旦假期結束，觀光客人潮退去，我選擇星期一早上，驅車緩緩再度出遊光復鄉，從台東都蘭出發北上，想要慢慢體會光復鄉的山水。

退休之後，我的旅行哲學改為：「貪玩，不是奢侈品，而是必需品。」去一個地方旅行，如果有驚豔的第一印象，請「旅行複習」！以不同的慢速度走訪，才能真正體悟那個地方的人文風景，每次故地重遊，多有出其不意的深度感動，所謂「值得」，都是在複習時才明白的。

我從都蘭出發，早餐先在東河舊街包子店選購了經典肉包，邊走邊吃前往成功鎮的豆花店，一碗豆漿豆花配著嫩花生。繼續北上，走台11縣道銜接玉長公路，那是台30線東段，全長十六公里，連結花蓮玉里及台東長濱，有「花東縱谷與太平洋海岸最美麗的連結」之稱。山路起伏不大，只有幾處大幅度蜿蜒，路況視野遼闊壯觀，其中一段隧道（長二點七公里）

穿越海岸山脈，將原本兩小時車程大幅縮短為三十分鐘。

離開玉長公路，進入台9線，看到幾處寬闊油菜花田，這是花東縱谷冬季休耕之際的季節限定。車子停靠路邊，取出相機，站在高點縱眼絢麗的大地拼布，黃燦燦油菜花海實在搶鏡頭，遠處綿延層疊橫臥中央山脈，蒼綠青綠沁綠蓁蓁如屏。油菜花期，約是十二月底到二月初，台灣西岸各地皆有零星的油菜花田，但以花東縱谷平原為最壯觀，數大就是美。

從花蓮往南一路延伸至台東池上，兩側分布大小不一的油菜花田，或三兩相接，或獨立成區。從富里綿延至池上、關山，是油菜花季的觀賞重點，但我是從玉里往北，左右錯落的花田已經滿足我的「貪看與流連」。

我在玉里鎮北刻意離開台9線，走193縣道。193縣道是除了台9線外，另一條較少人知道、南北穿越縱谷的道路，全線沿著秀姑巒溪東岸緊貼著海岸山脈而行，無交通燈誌，屬於當地人的私房路線。在樂分（一百一十又一公里處）到瑞穗大橋（八十九公里處）之間，一路有不同樹種的行道樹，鬱鬱蒼蒼，從小葉欖仁樹、鳳凰木、茄苳、樟樹、阿勒勃等段落分明，許多路段已然成了風姿不一的綠色隧道。隨著縣道前進的地形，時彎時直，這些行道樹讓整條縣道很有韻味。我預估三月春天，在春日路段的小葉欖仁正是新綠萌發，此時的綠

色隧道在陽光下一定最斑斕透亮好看！

星期一抵達大農大富平地森林，園區休館，遊人寥寥，整個偌大的平原與森林區「無閒雜人等入鏡」，我的鏡頭同時擁有全部山水，這是我的小心機。眼前大片平原，已經植滿油菜，翠綠小苗依舊怯怯生生，不像剛剛路上花田……，我臆測它們應該會在三星期後、春節大年初一時，轟然大爆發，屆時可以看到台灣最盛大、金黃燦燦的油菜花海。

至於園區的南環自行車道楓香林間，枝枒上的紅葉已經稀疏，落葉滿地，林相顯得蕭瑟，與上個月《浩克慢遊》造訪賞楓小徑時，又大大不同了。一樣藍天白雲，密林樹幹挺直依舊，卻多有了枯枝敗葉的北風凜冽楓情。[4]

歸途南下，認識玉里小鎮的地理歷史

玉里的街頭，我有點小熟，曾經對這個小鎮的紋理略有爬梳，對小吃則是深深期待。

二〇一五年四月，《浩克慢遊》選擇花蓮的「富里與玉里」，這一鄉一鎮位於花蓮縣的最南端，富里再往南就是台東縣了。

過去，我曾在初秋貪看滿山金針花，從台東太麻里到了富里的六十石山。至於玉里小鎮，位於富里之北，兩地彼此相鄰，是「花蓮縣南部」的區域中心。如果以地理環境說明，玉里處在花東縱谷平原之上，西有高聳的中央山脈，東倚海岸山脈。《浩克慢遊》拍攝時有一橋段，是我們騎著單車，在秀姑巒溪河床上的單車專用道[5]上，駐足遠眺群山；兩旁有無垠的阡陌景致，我們吹風看雲。這是一座充滿靈氣又遼闊的小鎮。

說是「小」鎮，倒小看了她，這可是台灣的「四十鎮」行政區當中，面積最大的鎮，僅略小於台北市。玉里，也可說是花東——台灣東部——地理中心，是位於花東公路中段的交通要道，也是自強號、普悠瑪列車會停靠的「大站」。

---

4 楓香樹種為台灣原生種，是椴木香菇常用的木材。每逢寒秋深冬，楓香的葉片由綠轉黃而紅。時機難得，會看到冬風吹拂、葉落如英的景象。我這次造訪已滿地落葉，沒有看到「落葉進行式」。

5 「玉富自行車道」是玉里車站至富里舊東里車站（東里鐵馬驛站）的舊鐵道，是一道漂亮、自在的旅行路線。花東縱谷國家風景區的「旅遊叮嚀」：「春夏欣賞綠色的稻田，春耕有花海，金色稻浪為五月下旬至六月；十月下旬至十二月。」

玉里，舊稱「璞石閣」，其來源說法有三：一說是布農族的譯音，意思是「灰塵」，當久不下雨，秀姑巒溪乾涸，風吹沙土蔽日；二說是出自阿美族語之譯音，本地以產「蕨」得名；三說是一八七五年，台灣鎮總兵吳光亮越過中央山脈至此屯兵，見到秀姑巒溪底有諸多白色玉石（大理石），如同未磨的「璞」玉「石」。至於，稱「玉里」則是一九一七年日本人所命名的，取「玉」是「璞」已經研磨之意。

遊客來訪玉里，隨著季節理由不一：八通關古道登山道尋幽、赤科山金針花海美景、秀姑巒溪候鳥群集……都是選項。我呢？美食是重點。

我的開心旅行，到玉里的街頭覓食

玉里麵是小鎮的第一特色美食，約有四十家分布在火車站、大街小巷、傳統菜市場……，如果再算入玉里外圍地區，絕對超過六十家。這是驚人的數量，所以如果到了玉里旅行，不吃玉里麵應該是不可能的事，或者說也「不得不吃」。我試圖考據，早在日治時期，日本人把麵食文化引進玉里，玉里人便開始朵頤麵食。光復後，一位福州人在此落居，開了

麵館，賣著外型與油麵相似的「黃麵」，便宜好吃，受到許多勞動人力歡迎，因此聲名大噪，時間久了，成了頗具特色的地方麵。

建議點湯麵，這是傳統的吃法。豚骨熬煮的湯頭，潤腴順滑感吃得出來，最精采是，傳統油蔥把麵湯神韻引發出來，油花漂亮，些許韭菜段子和芹菜珠子提味（非常不建議大把大把的豆芽，會破壞麵條口感，少許即可），表面鋪上四片瘦肉片，甚薄略柴，卻顯誠意十足，這是「玉里麵」的真髓。陽春，但我喜歡。

另外一爿享譽台灣的「橋頭臭豆腐」，值得排隊。記得《浩克慢遊》拍攝三天，期間我便來此饗食四次，美味印象深刻，這次的走楓小旅行，就以它當是開心的句點。

「橋頭臭豆腐」好吃，關鍵有三個大小不同油溫的炸鍋，將鮮嫩豆腐先丟入低溫鍋，時間略長，這是將豆腐內部炸熟的一鍋。之後，再將其陸續移入中溫、高溫鍋中熱油翻滾，臭豆腐外表已經酥脆，顏色焦黃。因為熱油速炸，起鍋後的臭豆腐反而不顯油膩，味道更宜人。店家有兩種分量選擇：小份的四塊豆腐入，大份的則是六塊入，切成小塊。別處的臭豆腐店家，往往會以十字刀法切得適口小塊，再下鍋重炸，好處是立體六面都酥脆了，可是內心軟嫩的部分往往已經消失。橋頭這種三段式炸法，最符老饕標準：外酥，裡面水嫩軟香。

當然，好的豆腐食材也是關鍵。想想，花蓮好山好水，好吃的豆腐祕密就是水！橋頭的鮮豆腐，豆香與口感均不俗。我在富里吃過「火山豆腐」，那是「羅山有機村」的天然美味，農民利用火山泥鹵水取代食用熟石膏，再以四倍的黃豆量，使其凝固，如此最原始的手工粗獷豆腐，真是驚豔。

我對花蓮的豆腐充滿尊敬，即使是臭豆腐也如斯。

晴夏，大甲溪兩岸的流霞

我去過台中東勢區幾次，有來找老樹的，也有來拍攝大甲溪河床芒草的，尤其是書寫《旅食小鎮：帶雙筷子，在台灣漫行慢食》期間，我也曾特別前往小鎮美食田野調查，踅步小吃店家們，梳理客家菜如何與外省菜色融合的脈絡。

東勢是中橫公路的西段起點，「中橫」是台灣第一條串聯東部與西部的公路系統，與南橫公路、北橫公路並列為台灣三大橫貫公路。中橫貫穿了中央山脈，從起點東勢小鎮，經過白冷、梨山、大禹嶺之後一路爬高，沿著立霧溪通往花蓮太魯閣，其中經過了關原、慈恩、洛韶和天祥。這一條主線約長一百八十八公里，也稱「台8線」。

中橫的歷史始於一九一四年，最早是日本人的「理蕃」道路。一九三五年道路完成，由埔里出發，走霧社經合歡山，直達太魯閣、花蓮，當年命名為「合歡越嶺道路」。光復

後，一九六六年蔣經國（當年為退輔會主委）親自率隊，踏勘日本人本要開闢之「中線」。一九六七年他再率隊自谷關入山，由西向東，對「北線」進行最後一次勘驗，並於當年七月七日成立「橫貫公路工程總處」，負責開路、規劃、建造、鋪路等工程事宜，公路東西兩端同時開工。此艱辛工程動員一萬多位退伍榮民，因此東勢小鎮有許多外省籍榮民老兵，成了新移民，他鄉成故鄉，也促進小鎮大江南北的飲食口味。

《旅食小鎮》所介紹的美食，多是客家菜融合外省的特色料理，換言之「東勢小鎮的美食發展與中橫公路的開發息息相關」，當年我的美食之旅以「東勢第三市場」為主。

我先找到「豐勢路」（豐原—東勢，是東勢鎮的大動脈，南北走向），它是小鎮街道的魚骨主幹。與魚骨主幹依序交叉的側魚骨，有忠孝街、第二橫街、第三橫街、第四橫街、中山路、第五橫街等，其中一條橫向小魚骨「中盛巷」，就是美食天堂。

如果你去小鎮，也可以先找到豐原客運總站、東勢衛生所地標，旁邊的巷子就是「中盛巷」。或者，找到三民街的東勢國小，學校大門的對面就是它。第三市場不賣菜、不賣肉，只賣熟食小吃，這個市場的美食是許多東勢人的童年恆久回憶。

搭著公車旅行，中橫公路的西邊起點——東勢小鎮

《浩克慢遊》的旅行計畫是東勢、和平、谷關、梨山，這四地屬於中橫西段沿路，由西往東。中橫公路貫穿台灣東岸與西岸之間的中央山脈，所經地形相當多樣化。一九九九年九二一大地震後，長期封閉台8線上谷關至德基路段，直到二〇一一年完成便道整修，部分開放供梨山地區與公路沿線居民和工程人員等出入使用，未對公眾開放。

二〇一八年十一月，中橫終於開放公車行駛，《浩克慢遊》這次的旅行亮點是從谷關到梨山，我們要搭公車！一路暢遊大甲溪左右兩岸。

這次《浩克慢遊》的東勢之行沒有走第三市場，去了「東勢農會果菜市場」品嚐水梨，這裡是東勢大山城地區（東勢、和平、石岡、新社、卓蘭等地）最重要的農特產批發市場。

節目腳本的前言：「前往東勢，離開後一路沿著大甲溪河床前行……」

二〇二二年八月八日父親節，《浩克慢遊》出發了。節目名稱是「浮雲一別，流水十年」，開始是空拍畫面，天光微亮的大甲溪、山景、東勢大橋……畫面中，有克襄獨白：「前面是大甲溪，以前常經過這座橋，去卓蘭、谷關、新社。如果是兩百年前，心情可能會

緊張，因為過去從這裡起，都是原住民的傳統領域……」他說的是，很早以前原住民的出草往事。

早上七點不到，鏡頭在豐原客運東勢站，我們準備出發。兩人出了車站跨越馬路，前往當地人熱絡的菜市場，沒有太多腳本指示，兩人輕鬆閒逛、好奇覓食與店家聊天……，每一次小鎮旅行，大叔們總是開心閒逛菜市場，這是「我們的共同習慣、嗜好」，也是認識當地文化的切入點。

小品旅行，那個客家墾拓歷史縮影的嘉慶聚落

離開市場，走進下城里聚落。那是嘉慶年間之後，篳路藍縷的客家聚落，仍存有陸續開墾的四條水圳，尤其「本圳」頗具山城的水色美景。我們到了相當隱密的袖珍舊建築月恆門、金門橋。短小的金門橋是一座由糯米黏合的石橋，建橋於昭和十五年（一九四〇年，太平洋戰爭之際），當地居民用了糯米、石灰、黑糖調製而成，以固定疊砌石塊，建成弧洞石橋，跨越著灌溉水圳。八十多年的石橋挺過了九二一大地震，也避開了現代化替代，橋邊依

然保有鄉間洗衣場，偶見鄉人來此洗滌衣物、遊人濯足泡腳。

石橋一旁有同治年間，聚落防禦隘門的月恆門（座北朝南）、洗衣場、舊道路、大甲溪流域的排水圳溝，一派小橋流水人家風光，此處完全顯現昔日傳統客家村落的生活場景，於二〇〇二年被登錄為歷史建築。

更靠近山上的地方，有聚落「大茅埔」，是當年此聚落更接近原住民的領域。我們約了當地文史工作者在「大茅埔調查基地」，大叔們來聽故事：乾隆、嘉慶年間私墾舊事、之後數批漢人入此墾殖，甚至與泰雅族之間緊張的歷史。

驚豔之地，東勢區農會果菜市場

東勢，是台灣的水果之鄉。離開大茅埔前，我們走了龍鼻水圳，溪水清澈，眼前山林間的各種果樹，有柿子樹、檸檬樹、桃樹、桔樹等等，柿子結果纍纍，我開始期待接下來的東勢區農會果菜市場之行……。市場內外人聲沸沸揚揚，農用車忙碌進出。我看著人群，各地果農運進一箱箱水果，多是當季的葡萄與梨子。

東勢地區的氣候非常適合高經濟果樹成長，栽有柑桔、甜柿、桃子、李子、葡萄，最多的是高接梨。《浩克慢遊》曾經拜訪宜蘭的高接梨果農，驚訝他們高超的農技，而東勢是台灣最大的高接梨產地。我好奇究竟有多少種梨子品種？現在最「厲害」的梨子為何？它們的口味、甜味？

初見「甘露梨」，後知後覺這位「王者之梨」，果型渾圓、碩大如頭，每顆平均重量一斤半以上，金黃色的外表透露出它是萬人迷。聽說它是目前送禮首選，我「尊敬」地搜尋種植資訊：從嫁接至熟成採摘，要種植至少兩百一十天（七個月），比起一般水梨品種約一百八十天的生長期，多出三十天。隨著成長，果皮會愈薄、愈滑順也愈透亮，纖維也會細緻起來，水分充盈。口味？細緻無渣，隱隱有甘蔗香氣，口感清脆，清甜多汁，沁涼爽口。期待試吃！我要領教它的魅力了。

我問市場主任，梨子有哪些品種？先有粗梨、細梨之分。台灣早期的梨子以酸酸甜甜的平地「橫山梨」為主，果皮顏色偏深褐色，肉質因纖維多而口感粗糙，吃起來微酸帶澀，老一輩稱之「粗梨仔」。而所謂「細梨」就是溫帶梨，肉質柔細，甜度較高，目前市面所見，包括高接梨等，幾乎皆為細梨。

「高接梨」不是品種，是水梨栽培技術。因為「溫帶梨」基本生長於高海拔、氣溫涼爽之地。聰明的果農會將台灣高海拔地區或進口溫帶梨的花芽接穗，嫁接在平地的「橫山梨」樹上小枝，讓氣候炎熱的平地也能神奇地長出溫帶梨。

台灣最早的梨子上市於六月初，八至九月則是產量高峰。常見品種有蜜梨（原名福壽梨）、新世紀梨、新興梨、豐水梨（日本三大水梨）、秋水梨、秋蜜梨、雪梨（產季最晚）等等，還有宜蘭三星鄉的上將梨……。至於甘露梨，是近二十年由果農自行研發的高接梨，果皮顏色金碧輝煌，皮薄果核小，看似粗獷，卻有著與外型截然不同的細緻果肉。甘露梨碩大，一斤半是基本款，不難見到重達三、四斤的特大款。我留下一首小詩：

這裡該貼上穰穰滿家春聯
一座充滿天堂光的豐收伊甸園
我像是收到邀請函的食果獸
笑看這裡經過仙人汲水澆灌的碩美

我從西部來，進入大台中東邊的山地

中橫台8線，沿著大甲溪左岸，往和平區緩緩上坡。

和平區為山地原住民區，是台中市面積最大（面積約是其他行政區的總和），人口只有一點一萬人，以泰雅族為主，轄有中坑里、天輪里、平等里（最東端）、自由里、南勢里（和平區公所設此，最西端）、梨山里、博愛里（谷關旅遊景點，因大甲溪有溫泉露頭得以開發）、達觀里等八里。

和平區三面環山，東邊是中央山脈南湖大山，北邊依傍雪山山脈，南邊銜接合歡山、大禹嶺，山脈與橫貫其中的大甲溪流域，自成完整的天然疆界。其實，離開東勢小鎮，進入半山腰的領域，就是克襄熟悉的地盤，他導覽一切。

早年，這裡一路往山上開發，克襄說日治時期森丑之助寫了《生蕃行腳》，間接幫了日本政府的「理蕃」計畫。也因為理蕃，日本人發現八仙山有許多檜木，始於一九一四年，八仙山森林開發了。

我的「八仙山國家森林遊樂區的歷史人文」資料：這裡林相優美，產高級紅檜、扁柏、

肖楠等針葉樹一級木；二級木則有鐵杉、冷杉、松類甚多；闊葉樹則有烏心石、樟樹、楠木等，分布在較低地區，材質優良，是泰雅族在此守護幾世代的傳統領域。森林開發了，從此落入日本政府與資本家的手中，成為日後林場設置的基礎。一九一六年八仙山出張所成立，一九一九年興建鐵路，一九二三年完工。

八仙山區內的主要溪流是大甲溪上游的十文溪和佳保溪，雙溪在佳保台附近交匯，水質清澈，水量充沛，不曾受到任何污染，因此八仙山的水質名聞全台，與花蓮縣的清水溪併稱「台灣二大名泉」。在《浩克慢遊》拍攝過程閒聊中，屢屢聽到克襄說：「這裡的山泉水相當甘甜，有許多市民會專程來裝取，泡茶煮菜。」一手指泉水方向，他多次強調十文溪的水質清澈、冷冽，說得我心癢，渴望試試。

可惜節目沒有安排八仙山之行。我們到了令我驚豔的半山腰「大眾生鮮超市」，這裡彙集了周遭小農們的自家蔬果，與分裝好的農產品，先上標價，再「寄售」在店門口供鄉人、遊人自行挑選，付錢給超市經營者代收即可。營業的方式很溫馨，我們目眩地看著排列井然的當地四季鮮果與種種蔬菜。攤位上，瓜果葉菜琳琅滿目，豐碩珍美，非常建議遊人一定要來此搜刮而歸。

我採買了炸彈梨（屬於晚梨，成長時間長，雖然形狀不漂亮，但比一般水梨更好吃）一袋，也買了「白毛台葡萄」，準備旅行中慢慢自饗。葡萄甜度濃、果色深，香氣濃郁，是當地的精品。「白毛台」產地座落於大甲溪上游的山坡上，海拔達七百公尺，是台灣種植高山葡萄歷史最悠久的地方。眼前既陽春又不凡的果菜攤，我是樂在其中的。留下小詩：

這裡陳列著群山的小農四季
當種植成了名牌，季節就可以販售
於是標價新鮮的春天
打包帶走沁涼的夏天
下鍋秋意，等待冬筍上桌

在松鶴部落，遇見那個時代的鹿野忠雄

台8線，從白鹿橋頭跨過大甲溪右岸，我們進入松鶴部落。

松鶴部落舊名稱「德芙蘭」、「久良栖」，是泰雅族原住民聚落。「德芙蘭」是松鶴泰雅族人之地名，意為「水源豐沛、土地肥沃、適合人居住的地方」。早年由頭目帶領族人從南投遷徙到八仙，一九一四年再度被迫遷移到現址。光復後，因大甲溪河床常見很多白鷺鷥，遠望有如白鶴或飛或舞，更名為「松鶴」。

我們與部落酋長野將（是克襄的舊友），小聊昨天在大茅埔談客家人與原住民故事。節目腳本上標示著「你們的篳路藍縷vs我們的顛沛流離」，我聆聽野將淡淡說著那個時代的悲歡離合。同時，也聽聞日本人開發八仙山的掠奪，那是身為殖民地的哀鳴。

盤旋一陣子，我倆起身，告別野將。走往「林場巷」，那裡依舊保有當年森林鐵路的久良栖車站舊建築，也留有一整排日式風格檜木板屋（林務局員工宿舍）。這裡是昔日台灣三大林場之一的「八仙山」林場角落（另兩處是阿里山、太平山林場），保持最完整的歷史見證。現在則是文化遊覽重點，偏僻幽靜，林意深深。遊人稀疏，可以深深感受被歲月淹沒的

樹影月光。

在此，我聽著克襄訴說鹿野忠雄十八歲來此的年輕故事。我倆慢行多年，常聽克襄說起鹿野忠雄的大小事，所以略知他於一九〇六年出生在東京，既是博物學家、探險家、昆蟲學家、文化人類學家，也是民俗學家。鹿野忠雄曾於台灣求學並進行長期的學術研究，克襄說在松鶴部落這裡，他有曖昧的單戀……，對象是一位泰雅族少女。

我們往下走，慢遊，經過一條美麗五葉松的松林步道，翠綠濃密，松風徐徐。

谷關溫泉，可惜我未能親炙千年五葉松神木

在谷關過夜。這裡的溫泉區，被發現於明治四十年（一九〇七年），東勢角支廳長本鄉宇一郎，因巡視所轄的隘勇線，在白冷監督所踏查之處發現溫泉湧出。當時一行人沿著大甲溪，於十文溪與大甲溪合流點，因為下雨而就地住宿，翌日行走三公里多發現溫泉口，便將其命名「明治湯」。此地過往是泰雅族世居之地，日治時期的地名稱之「美奇」。

光復後改稱「谷關」，一聽就知道是漢人的命名，位於中橫台8線三十三點七公里處，

因其地形受環山圍繞，群山俊拔，山勢如關卡而得名。

谷關有一株千年五葉松知名地標，可惜我來晚了。早在我們抵達前一年，二〇二二年七月，位於神木谷假期大飯店的神木，便因連日強風大雨，加上蟲蛀嚴重而轟然倒地。神木原是台中市政府列名的珍貴老樹，多年來在樹醫生協助下保養維護。樹高達三十六公尺，約是十二層樓的高度，樹圍需六人合抱才能圈圍。可惜，我未能親睹「五葉松爺爺」英姿。

看著我的悵然，克襄說：「山區還有一株五葉松媽媽，改天去看看吧！」松媽媽位於馬崙山腰的斯可巴步道上，離入口一公里。是一棵樹齡數百年的巨大五葉松，「松媽媽」（泰雅族語為「yaya」）比鄰近的松樹群都還高大。據說族人經由斯可巴步道上山打獵時，都會在此擁抱松媽媽，以祈求入山平安。這個老樹資訊，我心嚮往之。

一大早準備搭乘公車往梨山，不同朝代不同的花色

天微亮，陽光尚未探入山谷，河床昏昏矇矇，晨光熹微，飯店群依然熟睡，街道店家都還關著門，路上遊人稀疏可數。我們前往谷關公車站，目標是需要預約的「865公車」，公

車來往於「谷關—梨山區間」，第一班發車時間是早上六點四十五，一天三班，其他時間是十一點四十五、下午四點十五。[6]

逆行的公車（從梨山發車往谷關者），發車時間會早二十五分鐘。這是有學問的，因為目前可通車的中橫路段，多是單行道，無法會車。谷關、梨山兩邊互開的公車與車隊，彼此會在寬廣的大甲溪河床「青山」會車，雙向相錯，交換路權。

我們在車站等著，只見司機細心擦拭著玻璃。問了早，與他閒說路況與搭乘的狀態。知道了因為中橫管制路段不時有落石坍塌，多年來採總量管制，公車搭乘需要預約。「865公車」特別的規矩是，遊人從谷關直達梨山，一路到底，途中不能下車，這是純粹「車窗觀光」行程。

準備發車了。排在我們之前約有八十多輛貨車（當地來回運輸蔬果的卡車），大家一早等著崗哨定時打開柵欄。依序檢驗通行證後，車隊魚貫跟著前導車徐徐前行。我們所搭乘的公車則排在車隊的最末端，單獨享有一輛前導車，後端再有一輛壓陣車。車隊陣仗顯得戒慎恐懼，身為乘客的我，理解「這是總統級的保護車隊」，乘客安全第一。

車子沿著大甲溪邊的公路，緩緩上山，迂迴前進。才五分鐘車程，我已經完全打開所有

覺知，興奮的視覺、敏感的聽覺、努力控制時時甩車的平衡感……，近看遠觀所有窗外的美景，懸崖峭壁陡直險峻，山高澗深。公路峰迴路轉，回頭看著來時路遠處，只見微細的道路嵌附在千仞絕壁上，中橫公路宛若絲帶，細細一縷攀附山腰。

俯瞰深谷，山澗溪水潺潺泠泠，如白玉般的存在。山谷溪水彎彎繞繞，泱泱淵淵，百看不厭。公車迴轉處，猛然看到陽光剛好斜射在對岸峭壁上，與另外背光的暗鬱陡峭山壁，形成鄭愁予的「山太高了，雲顯得太瘦」，大甲溪的山水太令人驚豔了，心中不斷叫好。

我的手機在錄影、拍照功能之間不斷切換，內心驚呼：「宏偉壯觀、雄偉美麗、氣勢萬千……」完全不在意車子的顛簸，與左轉右彎的暈眩。我的詩句也不斷飄出：

〈在山谷呼喚赤楊〉，走過中部橫貫公路大甲溪兩岸的流霞

車離谷關，清晨有琉璃質的跫音

6《浩克慢遊》拍完數月，因路況惡化，公車停駛一年多，二〇二三年十一月二十日已恢復行駛。

山路，昨夜輕露沁涼過
集結，早上六點四十五的車隊，慢行往東
山路，一道腰線如縷，盤繞在大甲溪南岸的大山
仰望，陡直的山崖和更高的晴空蔚藍
下瞰，溪谷急奔的冷銀一線
驚心，脆弱的路基有落石埋伏
這山谷是誰劈裂的？
天神的霹靂巨斧狠狠碟過這裡
筆直的峻峭山線
鋒利大鉞猛然一斬，險峻而下
俐落的銳角，成了巍峨美學
有些森林在腳下
所有石隙滴出的泉水，聚成一道清淺的溪水
些許活潑，且愛唱歌的

在青山有河床，寬闊
在德基有碧潭，深遠
在梨山，則有群山演繹最美的山稜線
這條山路許多詩人走過
不知道，這裡的山脈有主題樹林
泰雅族的赤楊，向陽的坡面躲著白眉林鴝
五葉松林，則是適合星鴉幾隻在細雨中斜飛
再往上，雪山有黑森林
還有愛靜的部落和冷杉的精靈

說說赤楊的基本知識：赤楊的紅葉會預報深秋的天涼，雄花為柔荑花序，雌花則成密穗狀花序。它是土石震滑後的崩塌地復育者，強韌的小苗維繫這裡的山坡，不被崩落坍塌。年輕的赤楊灰褐樹幹，年長的則有片狀剝落。果實，佯裝成針葉樹的毬果，植物學家說它是聚合果，都是扁縮的小堅果。

我初識赤楊，在埔里山城的手工宣紙廠，它是紙漿的原料之一。再遇赤楊，香菇園裡排排斜立的椴木牆，與楓香、相思木、杜英樹受到重視。這場旅行，是第三次遇見它。

抵達梨山。這趟旅行後，我期待下次私下重遊大甲溪，再來旅行複習。時間是深秋，我可以佇立在風急的山坡，等著赤楊林木瞬間變色的約定。

樹影，貪霧的拉拉山

第六季《浩克慢遊》要去拉拉山看神木，關於那些歲月神木們，我已經嚮往許久。總尋思著，親近觀賞它們，應該與許多攝影師所拍攝的精美畫面大不相同。

旅行前，期待的心思漸漸強烈，許多臆想慢慢凝聚：那裡的天地應該多了祥和之氣，那裡的神木群已經看了滿月千年，應該多了通透。關於拉拉山的神木群，我的想像是每天清晨，拉拉山的雲霧漸漸瀰漫了山谷，矇矇茫茫、靜謐且緩緩，最後籠罩著神木群，樹影婆娑朦朧。

近中午時，雲霧退去，藍天白雲。傍晚天色蒼茫，它們又開始等待滿月的出現。在我想像的神木群山中歲月，臆測前往之後的感受，我會多寫了什麼詩句？

從板橋到巴陵，大漢溪山谷蜿蜒往南

二〇二三年七月十七日下午，我與克襄約在板橋車站，一起前往大漢溪中游的巴陵。車子走北橫公路，北橫稱之「台7線」，其前身為日治時代的「角板山三星警備道」，或稱為「角板山三星間道路」，當年功能身分是「理蕃道路」。

日治時期初葉，官方或一般行旅想從台北到宜蘭，必須繞道台灣東北角或從坪林（劉銘傳開闢的淡蘭古道，北宜公路的前身），那是一大圈遠路，極為不便。

明治三十八年（一九〇五年）「角板山三星警備道」開始探勘，一九一一年開工，一九一六年通車。全線沿著大漢溪（舊名大嵙崁溪）而建，大漢溪是淡水河上游，這是台灣唯一由南往北的河流。

光復後，在眾多榮民完成中橫工程之後，他們轉而擴寬、延長北橫的工程。官方資料寫道：台7線公路西起於桃園市大溪區，東迄於宜蘭縣大同鄉（宜蘭縣西南隅，宜蘭縣的山地鄉，面積占宜蘭縣三分之一，鄉民多數泰雅族），公路全長約八十二公里。

車子離開小鎮，山路盤旋蜿蜒，海拔漸高。我們的目的地巴陵，約是北橫的中間點。當

車子過了榮華橋（台7線三十二點五公里處）、高義橋（高義瀑布群）之後，山谷開始騰雲駕霧。因為趕路，急著與攝影團隊會合，我倆強忍著要求司機靠邊拍照的念頭，故作瀟灑，壓抑著這種死觀光客的心思。

「巴陵」是泰雅語，意思是「巨木」，這裡是著名的水蜜桃產地，依海拔高度，分有上巴陵、中巴陵、下巴陵。在上巴陵有一間小七便利商店，店門口有標示：「北橫最高門市，海拔留念一千兩百公尺。」

巨木森林是拉拉山的脊，還有魂

雖是七月盛暑，魚肚白的清晨，巴陵觀景台旁的派出所資訊看板寫著「氣溫十七點九度C」，真是沁涼開始！

遠眺眼前綿延的山谷與相互錯疊的山巒，山雲都睡得沉，低低地趴在山腰谷底。看似靜止停滯，才一小陣子，發現大家都挪了身，神態都變了，出岫的白雲騰騰如霧起時。我們離開觀景台，一行人往拉拉山遊客中心，那裡是這次旅行的起點。

剛剛的谷底雲趕來了，我們在遊客中心已經置身濃霧中，一切都完美，如預期的浪漫，晨光在霧裡，一切都是隱隱約約。

拉拉山國家森林遊樂區，位於桃園市復興區北橫公路上巴陵一帶，此地的泰雅族上巴陵部落，其名「Balung」正是「檜木或巨大的倒木」之意，而「拉拉」為泰雅族語「R'ra」音譯，有「美麗的、讚嘆的、眺望的、守望的」深意。

人聲悄然，我們是第一批遊人，在濃稀不一的神祕晨霧中前進，步道兩旁有一些較年輕的檜木，朦朧中身影已經巨碩參天。這些大樹有著大量附生植物，需光最強的種類，如桑寄生、漢氏山葡萄、青棉花、石吊蘭、書袋蕨、毬蘭、山蘇等等住在樹木上端；需光性弱的就長在樹幹底部，像是火炭母草、槭葉石葦、石葦、小膜蓋蕨等。

步道微微蜿蜒，左谷右山，溪水淙淙與啁啾鳥聲形成的聲音地圖，這時特別明顯、悅耳，也深刻。路標說我們離開遊客中心已經六百一十公尺，而一號巨木距離我們只剩一百四十六公尺，真是友善的路徑，不遠，路面平坦。

一號巨木是紅檜，樹齡約一千又七十五歲，它的樹齡紀錄近年縮水了，稱之「被逆齡」，神木變年輕了。原因是，林務局在二〇二二年進行了精密測量，找來一群攀樹人，以

最新的樹芯採樣技術鑑定樹齡，終於釐清這一株巨木最少有七株合併，其中最大骨架樹是一千又七十五歲，目前樹高三十六公尺、胸圍十公尺。

雖然校正樹齡一千又七十五歲，已經令人咋舌了。小樹苗當年，應該是西元九百四十八年，歷史屬「五代十國」，介於唐宋之間的亂世。這個萌苗的時間點，正是未來的宋朝開基皇帝趙匡胤的二十二歲，他還在摸索人生的去路。

拉拉山是台灣第十九個國家森林公園，經過新鑑定後，發現五號巨木是由三株紅檜合併而成，樹齡由兩千八百年下修為八百四十八年；二十一號紅檜巨木則是由八株合併而成，樹齡由兩千七百年下修為一千又六十九年；二十四號巨木，則是由四株紅檜合併的巨木，新樹齡高達一千四百九十五年，它是為拉拉山巨木群之最。

儘管「從神木變巨木」，我還是喜歡《聯合報》生活新聞（二〇二三年四月）的標題：「你被巨木包圍了！」全台十大巨木清單，拉拉山占了一半名額。林務局表示全世界檜木分布只有在北美、日本及台灣的雲霧帶才有。與雲霧同行，拉拉山的檜木森林是很珍貴的。

我的旅行心得是：終於來了，不虛此行啊！從春末到夏天，真是最佳的千年森林賞味季。《浩克慢遊》節目的這一段落，沒有寫詩的工作分配。但是，在此山區我還是盎然留下

一些文字：

雲居在此的樹靈，安頓了千年
我虔誠而來，仰望你們
如果，學習仙人鳥瞰群山峰巒
白雲則是滿池的小浪
簇擁在你們腰間
我說啊，巨木森林是拉拉山的脊
還有魂，和我的夢

泰雅族的拉拉山水蜜桃前世今生

拉拉山又名達觀山，最高峰海拔兩千零三十一公尺，位於桃園市復興鄉與新北市烏來區交界。泰雅語「拉拉」的意思，有一說是「踮腳眺望遠方」之意，說明此地因地勢高，是早期泰雅族部落男性守望部落、監控外人入侵的制高點，所以「拉拉」含有「美麗的、讚嘆的、眺望的、守望的」綜合概念。

一九八六年成立「拉拉山自然保護區」（又稱「達觀山自然保護區」），包含了拉拉山與塔曼山稜線南側地區，屬於國有林自然保護區，總面積約為七十五公頃，涵蓋範圍包含了北橫「上巴陵一帶」的鄰近山區。二〇二三年轉型為「拉拉山國家森林遊樂區」，範圍更廣，約八十二公頃，海拔介於一千四百到一千九百公尺。為防止過度開發，目前僅開放其中占地約三十公頃的神木區。

也因為是「自然保護區」，不能恣意開墾農地，現有的茶園、水蜜桃園等都是一九八六年前存在的，多屬泰雅族祖傳的耕種地。近年拉拉山水蜜桃有了盛名，洛陽紙貴，江湖耳語有了「在拉拉山路旁的水蜜桃小攤，也稱『拉拉山水蜜桃』，但不是當地種植」的說法。

拉拉山水蜜桃約是一九七〇年代開始種植，起初是部落還自給自足的狀況，他們和外地交易多是「用桂竹換山下的食鹽與火柴」，部落人主要吃小米、芋頭、地瓜、旱稻、黑豆、碗豆、山藥等，蛋白質則是從山裡的獵物，當然也有養雞、養豬。

後來部落看到梨山種植的水梨很賺錢，當時梨山一顆水梨竟然可以賣到兩千元，而拉拉山的桂竹一根才值一毛。於是大家開始瘋狂種植水梨，結果生產過剩、管理不當、惡性競爭，價錢下跌。最後在農務局的輔導之下，改種水蜜桃，因為品種多樣，產季不同可分為早生、中生、晚生。但是水蜜桃生產旺季，往往撞到颱風，如果遇上了，果農一整年血本無歸，之後有許多人以種「五月桃」為主，調整產期避開颱風季。平衡之後，就是現在的水蜜桃盛況了。

關於台灣水蜜桃的小常識

令人齒頰留香的多汁水果「水蜜桃」，有高山水蜜桃、平地水蜜桃（民眾多喜歡稱之「五月桃或媽媽桃」）之分。高山水蜜桃的產季約為每年「六月初至八月中下旬」，分為以

下產地和品種：

拉拉山水蜜桃：產季六月初到七月底，果粒大（男生拳頭大小），飽滿、色澤紅潤，口感軟嫩而細緻甜美。產區約是海拔一千五百公尺（相較梨山海拔低），近十年地球暖化，拉拉山果農開始有危機意識，因為水蜜桃對氣候非常敏感。

梨山水蜜桃：海拔比較高，日夜溫差更大，是台灣最大的水蜜桃產區。產季七月初到八月底，產期較晚，果粒大、皮薄多汁，果肉綿密。（《浩克慢遊》早年曾經到梨山採訪果農，拍攝過蜜蘋果等。）

梨山山根水蜜桃：「山根」位在梨山舊佳陽部落的高海拔地區，海拔約兩千兩百公尺，一旁有德基水庫的美景可以遠眺，更有山泉水供應，日光充足而日夜溫差劇烈。產期七月初到八月底，果粒大，口感扎實偏脆，熟成後的肉質口感香Q。其品種多為「上海蜜」（屬於日本品系，天生果形碩大，有著豹紋斑的表皮，口感跟印象中咬下去會滴湯汁的水蜜桃截然不同），現則有更新的日系「瀬戸內」品種，產季短，只有十五天。

五月桃：顧名思義產期是五月，屬中低海拔（一千公尺）水蜜桃，主要產區集中在復興區後山的三光里，鄰近的高義里、華陵里也有種植。因為果園多由泰雅族部落的媽媽們照

顧，所以「媽媽桃」成了品牌。外型較小（女生的拳頭大小），但一樣美味多汁，產季大概只有一個半月。品種有紅玉桃、春蜜、春豐、下覓、黃金水蜜桃等等。

與果農阿信相遇，我的水蜜桃摘採記

二〇二三年《浩克慢遊》抵達拉拉山時，已經是高山水蜜桃產季尾聲了，受訪者阿信是泰雅族原住民，為第二代果農（目前第三代也加入），他為了節目拍攝順利，也讓浩克大叔倆有體驗機會，感謝他特意留下幾十株供我們親手採摘，享受握在手裡沉甸甸的滿足感，也享受果樹下水蜜桃特有的新鮮清甜香氣。

與阿信約在水蜜桃樹下，閒聊中我們學得摘桃的祕訣。教學完畢，我倆獨立作業，開始動手，感受水蜜桃摘離樹枝一瞬間的喀拉聲響，以及手掌立刻承載整顆水蜜桃的沉沉重量，而碰觸水蜜桃外皮的纖細絨毛，使整個心思突然溫柔起來，輕手輕腳，呵護之情立刻啟動，這實在是美妙的工作。

工作一段落，到了包裝工寮，看著阿信妻小忙著，母女兩人細心地檢查外觀、分大小包

裝入箱，每顆水蜜桃就像嬰兒般被柔軟海綿包裹著，這個細活，她們嫻熟順手，迅速精準。我們也在鏡頭下嘗試包裝，但是鏡頭之外它們全部又被重新包裹了。這個參與假象，感覺我們是來亂的。最後，開心時光來了：試吃！

如果是剛剛從樹上採收的，口感有硬度與脆感；如果是已經熟成幾天的，桃子香氣濃郁無比，且輕觸時會明顯感覺到桃子的軟硬差異。一口咬下，滿口汁液滿盈，香甜迷人，如果汁液從口角流下，屬於合理結果。

我問，為何有的水蜜桃不紅？水蜜桃因品種、日照及採收時的熟度來決定水蜜桃鮮紅的程度。怎麼挑選？先看蒂頭！若蒂頭較綠代表還未成熟，可以放置幾天待熟，或是挑選熟度較高的水蜜桃，愈熟的水蜜桃較軟、香氣較足。最後的問題，五月桃或是高山桃哪個好吃？阿信笑咪咪地指著自家的水蜜桃！不語。節目告一段落，企編指定克襄留下小詩，但我還是說了心情：

貪霧的的拉拉山，多陡的斜坡
我不會以美人粉腮形容水蜜桃

因為比不上嬰兒的吹彈肌膚
吸啜汁液之間
隱然有祖靈光環與祝福

部落，家家櫻花戶戶梅

位於台灣島中央位置的南投縣，是唯一不濱海的內陸縣，但是她擁有台灣最高峰玉山、最大的半天然湖泊日月潭、最長河流濁水溪的源頭。南投縣以面積劃分，有三大區塊：西部面積的三分之一，是十一個人口密度高的鄉鎮市總和；東北部面積的三分之一，是仁愛山地鄉；東北部面積的三分之一，是信義山地鄉。

濁水溪重要上游為「陳有蘭溪」（布農語），在清領時期稱為「丹柳蘭溪」，發源於玉山北峰東北坡，其發源處有「八通關分水嶺」，將玉山的雪水分成兩股水脈，一流往西是陳有蘭溪，另一流往南則是高屏溪（台灣第二長河，舊名下淡水溪，由北向南）主流荖濃溪。

《浩克慢遊》第七季第二集，二〇二四年一月二十三日，我們要去信義鄉的三個部落：羅娜村、卡里布安村、久美村。信義鄉在台灣鄉鎮市區之中，面積排名第二（僅次花蓮秀林

鄉），全境處在中央山脈與玉山山脈，人口密度則是台灣最低，說明地勢陡峭險峻，地廣人稀。全鄉有十五村，人口多集中在西南角落的幾個村：愛國、明德（鄉行政中心）、自強、新鄉、羅娜、望美、久美，加上西北角的潭南村（日月潭之南）。這七個村人口占全鄉的十三分之十二，面積總和卻僅有十三分之一。

在愛國大橋上，淒風苦雨中我許願下雪吧

離開高速公路，我們準備入山了。車子經過集集火車站，這個地方《浩克慢遊》第六季時來過，路旁的香蕉小販我們曾經造訪入鏡，第一次吃油炸香蕉皮頗為歡樂驚豔。火車站前的橫向民權路是「投54線」縣道。車子往水里鄉方向，不久，右手側是「農業部生物多樣性研究所」，一片綠意森森，園區裡有「野生動物急救站」，《浩克慢遊》第六季也來訪過，這裡有許多動物故事。天色漸暗，我們今晚在水里民宿過夜。

次日一大早，天未亮，我們已經出發，走「投59線」。目標位於信義鄉愛國村，在寬闊的陳有蘭溪河床上，橫跨著長長的「愛國大橋」，我們將在橋上等日出、開場。

這一集節目，畫面從大橋開始。劇本如此想像、設定：當魚肚白的天色漸漸光亮，兩位大叔優雅地在橋上慢遊，表情愜意，感受晨光與輕寒微風，遠眺壯闊的河床，溪流左右是大山層層疊疊，而遠處則有玉山隱隱露臉。對話設計是：「上一次能夠近距離仰望玉山的英姿，是什麼時候的事？」

計畫跟不上變化，出發前兩三天，氣象預測未來幾天各地超低溫，小心下雪。我們依計畫前往山區，清晨微亮，怕冷穿著笨重，橋面上淒風苦雨，撐著小傘縮著身子，我們在偶而疾駛兩三輛快車的大橋上NG了幾次，褲管全濕。狀況狼狽，更談不上玉山在哪個方向。閒聊中，我向克襄說，這次的旅行要拜訪三個部落，但是我還有兩個私人願望：第一，下雪！第二，葡萄！

氣象報告顯示，現在已經六度寒流低溫，我許願：「索性更冷吧！讓《浩克慢遊》乾脆在雪中慢遊吧！」第二個願望，溪水肥沃的陳有蘭溪流域是台灣種植葡萄的著名之地，上游溪水在眾山之間撞來撞去，撞出幾處沖積扇，非常適合種植葡萄，尤其是上游的豐丘村。豐丘葡萄聽過，沒吃過，克襄口氣驕傲地回應我：「我七歲時已經吃過！父親帶我來的。」

從早餐的一碗熱麵，有了預約明年元月賞梅的期待

逛過明德村的「唯一老街」明德街，街道狹窄，短短百公尺，都是傳統的生活需求店家，雜貨店、豬肉攤、機車行、服飾店……，街頭有一家「阿嬌麵攤」（明德街一號），這裡是我們早餐的地方。探頭探腦看著店家外觀，喜歡牆外大大的「粗明體」紅色招牌字體，難得在如此偏鄉看到簡易卻又現代的美編精神。

我點了什錦炒麵、鴨血湯、粉腸小菜，這是老靈魂的台式古早麵，舊時光的滋味，我期待有「禮失求諸野」的發現。熱騰騰炒麵端上桌，急急一口油麵下肚，能在此偏鄉遇見「記憶中百吃不厭的好味道」，真好！

這爿老麵攤，營業得早，貪黑早起的食客除了農友，便是山友。山友往往先來一碗熱麵下肚，順手外帶，即刻開拔上山。其實此處是「入山前的問路店」，許多山友或觀光客總對此道路、部落與景點不那麼有把握，於是店家乾脆在牆上手繪「信義鄉觀光山路地圖」，方便大家往東往西。

我仔細看著地圖，訝異，原來一直嚮往的賞梅景點「風櫃斗」距離麵店這麼近，難怪麵

店的角柱綁繫「賞梅入口」標示方向。我向店家詢問上個月的梅花開得如何？
風櫃斗，位於自強村豐斗社區。信義鄉梅園總面積約為一千五百公頃，風櫃斗占最大區域。梅樹種植密度高，樹齡超過四十歲（自強國小附近的老梅王，樹齡高達七十歲），枝幹表皮粗黑、扭曲盤繞，姿態蒼勁挺拔，山霧朦朧，頗富國畫潑墨美感。元旦寒冬之際，花海壯觀，彷彿白雪堆疊。公部門宣傳賞梅美美的海報照片幾乎都攝自這裡，許多賞梅客也把這裡當是首選。
店家倒是力推「我們當地人會去的賞梅地方」，不是風櫃斗，而是烏松崙！我問是花況更繁茂？海拔更高？山景溪谷更深邃？店家說「那裡更增添幾分寂靜氛圍」，這個答案真是吸引我，我許諾：「明年再來吃麵！去烏松崙！」
烏松崙也位於自強村，沿著烏松崙產業道路有「石龜梅園」，是林道山路的制高點，山景視野好，基本上花期早於其他園區半個月，目前園區多是大青、二青、軟枝、胭脂梅等品種的梅花。
我已經期待年底冬寒，大叔倆來看梅花上梢頭，應該學學辛棄疾說「老去惜花心已懶，愛梅猶繞江村」。

台灣好行東埔線，沿著陳有蘭溪左岸的「台21線」

阿嬌麵店外不遠有公車牌，準備搭「台灣好行」東埔線去部落。等車，環視四周，發現附近有五至六間早餐店、信義鄉公所、戶政事務所、信義國中、信義國小、信義農會……，赫然察覺身處「信義鄉的黃金地點」。原來阿嬌麵攤是信義鄉地王！

東埔線，是帶著遊客從水里、集集前往玉山腳下祕境「東埔」的路線，一天才九班次，從水里火車站（其中僅有兩班從集集火車站）發車，最早一班是早上六點，最晚則是晚上八點收班。從水里火車站到信義農會約三十分鐘，全程則一個小時不到。

車子出發沒多久，離開「文明」進入山區，沿著陳有蘭溪河的「台21線」[7]（起點是台中東勢區天冷，終點是信義鄉塔塔加。可以在塔塔加銜接台18線，往嘉義市），一路往南（溪流上游的方向）。車子左窗視野都是寬廣的溪谷，蜿蜒山景，約五分鐘車程即到豐丘（我這次葡萄任務的產地），窗外果然見到許多葡萄觀光果園，錯落在河床高地。豐丘葡萄品種多是巨峰，分有夏果、秋果，季節不同，滋味也不同，因為土質水質優良，日夜溫差大，果皮色澤墨黑，風味濃厚……，這是我行前搜尋的敲碗資料。

車上有鄰座乘客，問她要去哪裡？「東埔溫泉！」那是公車終點站，海拔一千兩百公尺，陳有蘭溪的上游緊臨玉山國家公園，是八通關古道登往玉山的路徑之一。「登百岳」不是我的人生目標，「登玉山」也不是我的勳章挑戰，所以「怎麼去玉山」從沒進入我的資料庫，過去「玉山僅是拿來遠看的地標」。與眼前這位每星期二從台中搭車到東埔泡溫泉的乘客對話，我才驚覺「這次的東埔線是我離玉山最近」的旅途。

神木村，有一株撞到月亮的千年老樟樹

我剛在麵店旅遊地圖前，也問著「神木村」的路況，因為這條道路過了土場，地名標示有同富、隆華，之後就是「神木村」了。神木村有一株千年樟樹神木，是全世界已知最高的樟樹，但神木村歷經一九九六年賀伯颱風、二〇〇一年桃芝颱風、二〇〇四年的七二水災到

7 沿著陳有蘭溪的「台21線」，從豐丘往上行，一路植有葡萄的產區地名：筆石、羅娜、土場（當地有土場梅園）。

二〇〇九年的八八水災……，交通極度不便，那株我的夢中神木，尚未親炙風采。[8]

關於「神木樟樹公」，樹高四十六點四公尺，是日治時期一九二〇年十二月，由台灣樟腦局調查員甲斐武人發現。光復後常有登山客「神阿縱走」，那是從這裡的神木走向阿里山神木的路徑起點，早年是人力運送物資的交通要道。

我的青春歲月時，「神阿」是一九七〇年代青年救國團經常造訪的經典登山路線之一。在那個無敵年代，我走過「溪阿縱走」，從溪頭神木到阿里山神木。令人懷念的年輕歲月！

二〇二三年的資訊顯示「神阿縱走」古道修繕多年，路線已經貫通。一些危險或爬升路段，多設有拉繩輔助登走，整體的安全性較過往提升許多。近年來「神阿縱走」熱度漸增，有登山客說明步道類型：

山路困難度：中級山步道。

路徑狀況：前段鋪設枕木階梯，後段則為原始山徑。單程約五點五公里，海拔介於一千五百至兩千三百公尺之間。不需申請入山、入園證。

我的二〇二五年元旦計畫：吃麵、賞梅、神木村。

羅娜部落，台灣最大的布農族部落

在羅娜部落的牌坊入口前的圓環，設有路標指著羅娜部落、久美部落、新鄉部落，十字路上有老梅行道樹一長排，依舊怒放一樹白，株株盛開中。歡喜心賞梅，令人寒意忘卻。橫向街頭則有高大山櫻花一排，也是盛開，緋紅色花瓣因為山雨剛過，低頭羞怯。

據老人家口傳，羅娜村以前是鄒族的獵場，早年部落前有一塊泥沼地，因為鄒族的沼澤發音接近「lolona」，因此成了地名。後來的後來，鄒族因為瘟疫，人丁大減。日治時期一九三五年，日本政府強迫他們讓出獵場，同時將布農族的「郡社」族人從郡大山遷徙而來。光復後，以「lolona」諧音稱之「羅娜部落」，目前是布農族最大的部落，村民約有

8 神木村屬地質敏感區，加上溪谷落差甚大，侵蝕力極強，上游又有地震後崩塌地，每次颱風或大雨後，河水暴漲，經常造成無法預知的天然災害，尤其常爆發嚴重的土石流沖垮橋梁，衝毀神木村的農田、道路與住宅，使神木村成為山中孤島。多年來一直有遷村之議，整個神木村人口約八百三十人，村民以漢人為主，多半是日治時期在阿里山採集樟腦或木料工人的後代。

一千六百人。

大街入口不遠有「信義鄉原住民文化館」，外牆有精采的彩繪，我們約了兩位在地年輕藝術家，聊聊他們如何以新觀點彩繪布農族的故事。這兩位藝術家太帥、太搶戲了，不羈的髮型、五官輪廓、衣著配色……。我們問，他們答，遷徙郡大山的心思，從當地動物到八音合唱，我對羅娜部落的過往與布農族的故事，多了深刻敬意。

部落的天主堂「露德聖母堂」是地標，座落在魚骨圖街道上的大街。大街也是部落的交通要道，更是遊人的路線。我們在路上端詳其他早年的彩畫，也好奇街道上的新奇巷弄名稱：膽大路、鈴羊路、海放路……。羅娜國小前有一間老雜貨店，顯然是部落的地王，店內陳設盡是光復初的舊歲月。

《浩克慢遊》仔細拍攝了雜貨店故事。我在空間之間，走進對街的羅娜國小校園，臨路的校門圍牆，裝飾著濃濃布農族的文化圖騰，牆後的高樹森然如屏。這時起霧了，樹木群更顯深邃幽靜。羅娜國小創校於一九〇五年，原校名「楠仔腳萬教育所」，是信義鄉最早設立的學校（日治時期，羅娜部落是信義鄉的鄉行政中心），校地寬廣有地一點二公頃。我獨步到學校後方，根據地圖尋找一株百歲老樟和百年的相思樹林，穿過樹林，眼前的深谷就是陳

有蘭溪谷。

依循拍攝腳本，大叔倆閒步霧中部落。小巷有布農老人家群聚，他們生著柴火取暖，火光搖曳。天冷，火爐真是吸引人，我們走入庭院與眾人招呼聊天，得知這裡是部落杵音團的聚會，團員常來此聊天、練習杵音。請他們示範，拿出長短粗細不同的木杵，先後敲擊於石板或屋外的大石塊與水泥地上，產生不同的低沉木頭聲以形成音樂。其實，過去這些木杵用於粟米的脫殼之用，如今用於重要祭儀時的表演，利用聲線六部的撞擊拍子，產生高低複音及複節奏。兩位大叔練習兩三下，也加入演奏，我留下詩作：

很冷有霧，靜靜小巷有人群聚烤火
傳說的杵音便響徹這部落
節奏如宇宙的脈搏
我們便在夢土上，撞擊地殼
留下血脈賁張的一刻年輕

趕在晨光前，千頃濃霧讓千株山櫻花隱現如魅

第二天，很早很早很早就出發，我們要去賞櫻了。出門得早，是因為要「包場」千棵櫻花盛開的整座森林。

關於「賞櫻」，我總是「幽微地排斥」。原因是二十多年前到名古屋出差，沒有任何心理準備，剛好撞上「完美的櫻花風暴」，冷不促防的粉紅爆漿，美麗著整個古城，從舊街道、護城河、處處人家，視線所及都奢華地綻放不可思議的櫻色，清風微涼，漫天落英繽紛，從此櫻花美景收藏內心深處。

我以為「剎那即永恆」，曾經滄海難爲水，除卻巫山不是雲，從此不再追逐任何地方的櫻花季，因為世間任何花季，都不及我夢中的名古屋櫻花初戀。

抵達茶園，天光初亮，氣溫七度。到了海拔一千三百二十公尺的「望高茶園」（台21線一百一十六公里處，信義鄉同富村），千頃濃霧，如乳白的層層薄紗籠罩山林。只見朦朧高大的櫻樹許多，隱現如魅，樹林如夢，山徑如幻，直以為這裡根本就是以雲灌溉的祕境。

山櫻花是台灣原生種（華南、日本、琉球也是產地），高可達二十公尺，樹幹通直，

樹皮茶褐色，有光澤，老莖常呈片狀剝落，小枝條光滑。也稱為「緋寒櫻」，花色緋紅濃豔，花朵下垂，五枚花瓣，有單瓣、重瓣；多生長在低海拔至中海拔（海拔高者花開得更濃密），最高可達兩千一百公尺處。冬天落葉，樹型優美多為行道樹、庭院樹。

《浩克慢遊》的畫面設計是，我們從底處閒步上坡，隱約兩個人影並肩，漸漸走近攝影機。只見空靈林間，不見山景、雲彩，樹梢上依稀可見山櫻花簇簇，緋紅隱隱。

一個小時光景，晨霧漸退，近山的輪廓可以辨識了。高大的花樹，樹梢上叢生或繖形花序狀，也現出緋紅花瓣，顏色飽和。遠處山脊，流雲仍在，但是嫣紅山景與櫻樹山徑，已經誘惑我的觀望與沉迷。

這次的山櫻花洗禮，搖撼了我名古屋櫻花戀，原來我可以同時鍾愛兩處戀情。

卡里布安村，一座美麗的部落可以眺望玉山

因為寒流，雲層太厚。本來期待可以在部落多處角落，舉目看到玉山，算是「推門見山」的境界。可惜目前仍然雲深不知處，不見玉山芳蹤。

少了玉山，我卻喜歡這座部落的怡然，又綠意處處，尤其許多居屋「家家櫻花處處梅」，院子、路邊、山坡隨意栽種梅樹、櫻樹幾株。當梅花凋零，櫻花接著恣意怒放。白居易有詩「小園新種紅櫻樹，閒繞花行便當遊」，我們的部落之旅，應是如此心情光景。

卡里布安村，舊名是望鄉村：「望鄉」是日治時期的駐警想念他的故鄉，「卡里布安」，則是布農族「楊梅」意思，因為早年這裡是一片楊梅林而得名。

我們緩緩走向斜坡巷弄，頂端處有一間「慢午餐廳」。招呼後，隨著主廚夫婦摘取山邊野菜，有啥吃啥。山泉豐沛，路邊野菜清嫩鮮美，粗生粗長，極易採摘，不久便採集完畢。來回的山徑與部落比鄰，慢速更能欣賞幽靜小村之美。部落主廚介紹「睡遲遲」生活態度，我想到蘇東坡的〈春菜〉：「宿酒初消春睡起，細履幽畦掇芳辣。」主廚上菜，細嚼慢食，我有詩：

在海岸部落，野菜有太平洋滋味
在卡里布安，野菜有大山的智慧與珍鮮
擺盤顯得家風嚴謹，如書頁開卷

慢午有慵慵緩緩的哲學
山靜貓閒雲作伴

玉山山腳下的久美部落，一場淋漓暢快的布農排球

卡里布安村介於陳有蘭溪與支流阿里不動溪匯集的三角地，更靠近兩溪交匯點，阿里不動溪上有一座「千歲吊橋」，走過這座橋就是「久美部落」。

座落於玉山山腳下的久美村（望美村），舊稱「楠仔腳萬」，是信義鄉唯一布農族、鄒族、漢人合居的社區，規模小而美，中心街道就幾條路線，但是居民自家小院子還是梅樹、櫻樹相錯相映，「春風先發苑中梅，櫻杏桃梨次第開」。

此地交通地點號稱：「南可通往日出晚霞聞名的阿里山，北可達風光明媚的日月潭。」部落之外，則是種植葡萄（秋果採收季是八月底）、蓮霧、樹豆、香蕉、敏豆、番茄、高麗菜等。村裡有一座創建於一九六三年的久美國小（原名是羅娜國民學校久美分班），學校近

年力推「小布農」回到祖居地良久社遺址的小旅行，藉此認識早年的生活環境，學習不忘本與墾拓精神。

布農族居住於中央山脈兩側，是典型的高山族，主要有五大社群，包括卓社、郡社、卡社、丹社，以及巒社群，第六的「蘭社」已經與鄒族同化而「消失」。在信義鄉的卓社群，早年居住在北邊的仁愛鄉，但日治時期為了方便管理，他們被迫遷徙到南邊的信義鄉，兩地長年受地形隔閡，現在的「小布農」漸漸不識祖居地。

閒步街道，好奇路邊的「萬能」雜貨店，門口長滿美美的九重葛，驚喜地與嫁到這裡多年的老闆宋小姐聊天，更認識了民風淳樸的部落。我們也與門口小方桌的久美孩子互動，他們正寫著寒假作業，克襄跟其中一個孩子交換新飲料，我則幫忙解答了一道算術難題。

部落的社區廣場有廣播說：「排球比賽要開始了，歡迎村民參加。」只見老小族人三三兩兩往廣場移動，我倆也湊熱鬧「圍觀」這個有趣的部落遊戲，選手人數不拘，性別、年紀也不拘，大家平均分邊，同樂下場。看著活力十足、不落地的「雙顆大大軟軟排球」，趣味橫生……。這個活動我們也可以，大叔自動請纓上場，對立較勁。

面對久美部落「發明」的比賽，我說，絕對不能圍觀，一定要熱情主動進場參與！雖然

天氣微冷，筋骨很快就暖身了，臉上的興奮與笑意，已經完全不在意氣溫如何。結論，這個活動太適合拍偶像劇了，完全是沉浸式的快樂。

下山了，終於在豐丘村路邊買到了葡萄

天色漸暗，還是沒看到玉山。這一集節目拍攝結束了，大叔倆與一些工作人員先行下山返家。我特別交代司機友人，待會兒路邊如果發現賣葡萄，請讓我下車。到了豐丘聚落，有一處燈火輝煌的葡萄攤子。我問怎麼賣？這些葡萄冷藏了多久？其實不管答案如何，我都提了最大箱葡萄，滿足而歸。

滋味？千里迢迢提著沉沉一箱，一口芳香飽滿、汁液濃郁的陳有蘭溪滋味，太值得！

檜木，太平山的哇哇哇之旅

二〇二四年三月二十六日下午四點多，《浩克慢遊》在雲霧中的「原太平山俱樂部」建築前拍攝，節目最終要準備進行「太平山夢林之旅」的結語。

剛剛屋內的檜木濃郁香氣依舊充滿肺葉，繞梁久久，是陶醉也是耽溺。克襄和我站在屋外，眼前一切山景全是迷茫，山巒、山谷、山林都陷入白霧之中。導演說：「來吧，我們來拍結尾！」我倆微微詫異：「咦，結束了？」這兩天兩夜旅行的種種，我們還來不及咀嚼反芻，就要告別。

今天比平常收工來得太快了，我跟攝影組說等我們一分鐘，我們需要靈感構思感言，同時我也向克襄打氣：「你可以的，七步吟詩小意思！」

結尾部分：「這次的旅行，對我而言是『哇哇哇之旅』！」我特別誇張地發出三個不同

聲調的「哇、哇、哇」。

第一個「哇」是羅東林場的竹林車站與林場周遭，第二個「哇」是昨天下午參訪了那兩座不可思議的木材廠，第三個「哇」則是今天我們在太平山所經歷的一切……。話語中，我想表達的是，這次循序漸進地從羅東進入太平山林場，認識歷史、產業、人文、建築、山林等等，加上小鎮百年林業的種種痕跡，兩天走踏拜訪其間，我多了清晰而全面的林場史觀，與愛上這裡的理由。

日治時期，台灣有三大林場：嘉義阿里山、台中八仙山與宜蘭太平山，跟西部比起來，太平山開發得最晚。這次我們剛好碰上羅東林場成立一百週年，有不同的時空意義。

這一集節目的流程：星期日下午四點多，我跟克襄分別抵達羅東夜市，那裡是只要Google「羅東」關鍵字，一定跳出大量美食資訊的觀光景點。團隊就位，準備拍攝了。這次的慢遊行程，我們就從中山公園四周的夜市開始，兩人拿著三星蔥肉串，穿梭人群，娓娓說著「羅東」的身世……。

羅東位於宜蘭縣的中央位置，面積非常小，只有十一點三平方公里（跟台北大安區相同），人口卻達七萬（漢人遷入始於嘉慶九年，一八〇四年）。在日治時期，設立了林業相

關設施，隨著太平山山區伐木興盛，人力資源需求陡升，工作機會大增，人口因此倍增，鎮上商業逐漸興盛，遂為蘭陽平原的商業中心。

羅東林場，一座見證台灣百年林業興衰的場域

「竹林車站」是羅東森林鐵道起點，所處地點是百年「羅東林場」，占地約十七公頃，也是「農業部林業及自然保育署宜蘭分署」（簡稱宜蘭分署）辦公室所在地。

我們抵達時，有分署祕書接待，得有機會快閃參觀辦公室，看到建築裡的黑瓦屋頂木頭桁架結構、辦公用的木頭桌面、家具，滿滿都是檜木香味，優雅深邃。有了這一股印象深刻的檜木香氣提醒，我才明白，我到了什麼精采身世、不思議身分的地方了。

先來爬梳歷史，也同時理解「太平山、運材鐵道、羅東林場、羅東小鎮」這四者關係，可以增加這次木業旅行時的點滴知識：

一九一五年，台灣總督府營林局在宜蘭設立出張所。

一九二四年一月十七日，羅東至土場間的森林鐵道開通，竹林車站啟用。
一九二五年，太平山尋常小學校創立。
一九二五年，索道（流籠）運材作業，首度使用於太平山。
一九二六年五月二十七日，開始辦理客運業務，遊人可以買票搭乘。
一九三五年，仁澤、白嶺、白系的索道工程連續完工。
一九四三年，木材年產量達八萬立方公尺，超越阿里山林場。

整條森林鐵道起自竹林車站，終點是土場車站，共有十座車站（經過歪仔歪、大州、二萬五、三星、天送埤、清水、牛鬥、濁水），長度三十六又四公里，時速十五公里，全程近兩個半小時。終點土場車站，旅人下車，鐵路繼續盤旋往上到太平山林場。

山上，那些巨木的運材工程以索道（當時稱之流籠）下滑到停車處，當原木吊上列車，再一路返回竹林車站卸貨。

克襄跟我介紹，當年森林鐵道客運業務開通，兩個月後，一位二十歲的青年來到羅東，在街上投宿一夜，在此搭火車前往太平山，從此展開他在台灣壯闊的高山探險，他叫「鹿野

忠雄」[9]。

我以為，克襄應該是鹿野忠雄的頭號粉絲，每次《浩克慢遊》拍攝地點，一有鹿野忠雄的足跡，他總是鉅細靡遺地分享著「鹿野什麼時候來過、路線如何、遇到了誰、傾慕哪個原住民少女、觀察做了什麼事、寫下什麼字句……」。這次，我笑問，原來羅東太平山之旅，是一趟追尋鹿野忠雄的足跡之旅？

我知道當下克襄正書寫一本有關鹿野忠雄的《流火》大書，洋洋灑灑，超過二十萬字，書本內容正在進行最後的考證。節目中，他沒介紹鹿野，倒是說了陳誠副總統與時任行政院長的蔣經國，他們來此的往事與林業景況。

9 鹿野忠雄（一九〇六年十月二十四日，至一九四五年八月十三日）：日本博物學家、探險家、昆蟲學家、文化人類學家暨民俗學家，生於東京，曾於台灣求學並進行長期的學術研究。

我的初體驗，看到林業文化園區的百年轉身

我們抵達得早，園區人聲寂靜。這一整片園區，昔日稱是「羅東林場」，現在稱「羅東林業文化園區」，有日治時期羅東出張所區域及貯木池舊址。貯木池是昔日用來浸泡太平山砍伐運來的高級木材檜木、扁柏等，大大的三角水池（約七公頃，一公頃就是一百公尺×一百公尺），現已是水鳥與游魚水波不興的「自然生態池」。

據說全盛時期池裡半浮半泡滿滿的巨大珍貴老木，鄰近孩子都會在浮木上跳來跳去，甚至釣魚、游泳，那是他們「危險卻冒險的遊樂天堂」。這些經過鐵道運來的太平山木材，抵達了林場，最終送到「卸木平台」，工人會將其一一順著斜坡木架，推滾入貯木池，分類載浮載沉。因為扁柏、檜木俗稱「松羅」，以前人便稱水池為「松羅埤」。

我想像著那個壯觀與忙碌的年代，鐵道所運來大量的山上紅檜，外地人則來此一批批地買走它們，一進一出，這集散地的人群熙熙攘攘來此交易與勞動，而羅東小鎮也因木業興盛發展，一直富饒至今。對於羅東的繁榮歷史結論：太多人因為太平山伐木致富。

這次《浩克慢遊》的太平山森林之旅，過去我心嚮往之，卻沒來去過，本次的拍攝是我

的初體驗。行程細節由克襄和一群當地的山朋友安排規劃，加上製作單位（節目企編是一位愛鄉的羅東人）也費盡苦心搜尋許多精采的受訪人物與景點，另外大大協助的「宜蘭分署」則隱身在鏡頭之外。

旅行出門前，粗略看過拍攝大綱，但是無法連結與組織每個景點之間的關係，簡單地說：「我是太平山林場的麻瓜。」這次「未知的山色，有什麼雲」旅行，我是期待的。資料顯示，光復後：

一九七一年：森林鐵路延伸至羅東車站，與花東鐵路銜接，方便公務與遊客，自此觀光業務更加發展。

一九七九年八月一日：黛拉颱風侵襲宜蘭，鐵道路基嚴重毀損，不堪修復，宣布停駛。

一九八一年：太平山直營伐木結束。

一九八二年：伐木全部結束，積極發展森林遊樂事業。

一九九四年：竹林車站與其他車站們，站房陸續拆除。

二〇〇四年：規劃此地為林業文化園區。
二〇〇六年十月：歷史觀光觀念提升，仿古木造站房重建開工。

林場裡以檜木仿古重建的黑瓦竹林車站，建築細節盡量維持原汁原味，目前是整座園區的明星建築。空間雖沒有昔日林業與遊客的忙碌盛況，但在晨光下，依舊有百年風華的想像，真是拍照與流連的好景點。

車站後方的茄苳密林為二十年前所種，當年種植的密度高，多年來樹木競高以爭取陽光，如今顯得樹高蒼勁、枝葉濃密，樹影與斑光，搭配地面上交錯的鐵軌，在斜斜晨光中引人入勝。

節目拍攝的清晨當下，高高樹枝透著光，樹影疏朗、清亮不寒，閒步其中盡是愜意。九點後，只見遊人漸多，卻多徐徐緩緩，有環繞貯木池慢跑者，有沿鐵道慢行者，有帆布大傘下閱讀者，有被外傭推著輪椅的長者，卻頻頻拿著手機拍照者……。

我們與節目來賓作家吳永華，三人坐在樹下的車廂，那是當年從竹林車站出發，往太平山林區的客用老車廂，五分車的鐵軌距離，車廂顯得窄促，但它是那個年代，人與人之間的

親切距離。我們坐在長椅上，靜聽「林場歷史的書寫者」吳永華說書，說說那個時代的伐木往事……。

三人繞到園區南側，前往占地不小的宿舍區蹓躂，取景往日黑瓦建築與庭院大樹，空間顯得寧靜，牆矮樹高。經過介紹，理解當年林業員工家居生活的樣態，步調優雅自適，怡然另成一方靜謐世界。

巷弄間，卻在一爿老派男子理容店家，遇見了凍結著的舊時光。我們訪談一位七十歲的資深理容師，他正幫著老顧客如常地修剪頭髮、俯頭彎腰洗頭、熱敷下巴、優雅而幹練地刮除細細髮毛與鬢絲。看著、聊著，整個服務過程像是一齣黑白默片，令人懷舊的老時光。

我上次見過這般場景的深刻經驗是在六十年前：我在孩提歲月，也曾看著父親躺坐在同樣老椅子上，看著他的享受表情，閉目神遊陶醉，無與倫比。在父親去世三十年後，我又看到了那個表情……。

攝影團隊拍攝著巷弄靜謐的風光，趁著錄影空擋，我閃入「日光山森林茶書苑」，快手快腳買了兩本二手書，二〇一六年出版，作者是小泉八雲。多年來我養成習慣，旅行到每一處獨立書店總要買一兩本書，當是我書架上「旅行後的盆栽」，除了鼓勵捧場，也當是每一

次獨立書店的「感動餘溫」。幾年下來，我開始期待書架上，綠蔭滿滿。

探訪五福眼科舊建築，小鎮繁榮發展的痕跡

離開林場，下午踅過老街。初來的遊客，可以在腦袋設定羅東小鎮的地圖座標：以羅東火車站為原點，南北向的鐵路作為Y軸，Y軸上火車站的北端就是羅東林場。而X軸的東邊是傳藝路（也是火車站的後站方向），西邊前站的延伸就是公正路。遊客出了前站，走著走著就是羅東最著名的觀光夜市區（中山公園四周）。X軸、Y軸把羅東切成四塊區域，這是舊城的四個象限，有一大圈橢圓形道路包圍了舊城區，逆時鐘方向分別有東邊的光榮路、公榮北路、純精路三、二、一段（台9線）、冬山路五段發射而出。在這大橢圓區域裡，有中山路、中正路、南門路、文化街等舊街。

其中南北向的「中正路與中正南路」是交通大動脈，位於第三象限，在日治時期是「最忙碌、最熱鬧、最繁榮、地價最貴」的黃金地段，此大街被稱為「中街」，是日治時期因林場開發而發達的商店大街。《浩克慢遊》要先去百年診所「五福眼科」建築，聽聽屬於美好

舊時光的故事，也見證時代的繁華。

在百年建築前，克襄指著方向說：「鹿野忠雄當年就投宿在不遠處的『澤村旅館』[10]。」五福眼科創建於日治時期，原為清野滿正郎醫生在此創建的「清野病院」，此百年建築曾列名「台灣歷史建築百景」第六十四名，屋頂黑瓦，是簡化的唐博風式屋頂形式。牆身是編竹夾泥牆的外敷雨淋版，屋身構造為木造桁架，主入口為突出式的門廊，玄關屋頂為「切妻破風」，顯得慎重莊嚴。光復後，一九四六年由有「台灣史懷哲」之稱的陳五福醫生在此開設眼科。一九九七年逝世後，由其女婿接棒。

陳五福醫生的兒子，接受我們短暫的訪問。隨著林業的發達，從舊建築與陳家故事，我漸漸懂得羅東小鎮發展的途徑，當年百姓的生活輪廓也逐漸清晰。

---

10 日治時期羅東街上有三大旅館（伊藤、旭、澤村），當年鹿野忠雄搭羅東森林鐵路的前一夜，即住宿在澤村旅館，而他即將攀登南湖大山，前去田野調查。

漸漸熄燈的木材廠，那是木業歷史的「哇旅行」

羅東木業的黃金年代，小鎮有超過兩百間製材廠。所謂製材廠，就是把圓滾滾的巨木固定，鋸割成家具木料或建築用材。將大木擺上巨大電鋸檯面，垂直切去一大弧樹幹，形成圓樹幹一邊的平面。接著擺平這一面，使大木側面像是「楓糖蛋糕卷」，再左右各鋸割出垂直面，這時木材側面就成了「湯種山形白吐司」。最後鋸平剩下的弧面，成了近乎矩形的「蜂蜜蛋糕」。之後一連串小加工，鋸切成各種尺寸的「板料」，方正綑綁成束，供人選購。

如果你去製材廠買木料，店家會問你：「要買多少才？」「什麼樹種的？」木材材積的計算是以體積計算：

一才＝一台寸×一台寸×十台尺。

一台寸＝三點零三公分；一台尺＝三十點三公分。

一才＝兩千七百八十二立方公分；一立方公尺的木材約三百六十才。

克襄與我走近位於中山路二段兩百三十二號「新建峰材廠」，在門外，先是東張西望，便已經看出工廠規模與那個歲月時光。門口左側有一片森林，鬱鬱蒼蒼，隱密著「家大業

大」。寒暄後，許家兄弟招待我們參觀廠房，也說明著林業、疫情與員工老化，工廠設備已經停俥幾年了。

走入寬敞的老舊廠房，第一眼就高聲：「哇！」廠房屋頂的巨木桁架結構氣勢宏偉，充滿歲月的曖曖光彩。許先生說那些全是老檜木，橫跨屋梁的所有銜接結構都是那個年代木匠的智慧。我們好奇：「這座工廠怎麼開始的？」答案是祖父當年從彰化來，如同許多同業來自台灣四面八方，大家陸續遷移到羅東。偌大的幾座廠房加上前後院，使許家製材廠的規模漸漸成型，也象徵羅東林業的壯盛蓬勃。兄弟倆娓娓說著家族創業的故事，我和克襄嘖嘖稱奇，兩人一路好奇廠房內的一切，每事都問，提出各式林業問題。

走到廠房後面，眼前一大片空地，驚奇地是「私人貯木池」依然塞滿大大的原木，我們笑著說：「好多錢哦！都泡在水裡。」節目中，我們四人一字排開坐在巨木上，白髮宮女話從前，說起廠房凋零的開始、巨木的產地與採購、檜木外牆的結構，也談著老舊機台與鋸木工具許久未使用，即將曲終人散⋯⋯。

羅東這種傳統木材廠，隨著木業蕭條，目前剩下十間不到。早已不是滿城舉目都是木屑飛揚，鋸聲連連，木香不絕⋯⋯，那個大家一起撐起小鎮的光榮歲月，已經聲悄悄。我留下

一首詩：

來自大山的巨木
擠睡在一方水池等待伯樂
將它們製成
書桌、酒櫃或是樂器
如果是吉他，那一定是最美麗的低音

參觀依舊活躍的大木材廠，也是「哇旅行」

我們又前往一間還在營業中的「農禾製材廠」，與老闆招呼後，進入廠房，偌大的屋頂內部桁架，一梁一柱也是使用千年檜木搭建，我們張大眼看著它們，「哇」聲連連，寬敞高

聳的作業空間，那些巨木如此頑強地在流轉歲月中屹立。

這次要參觀「宜蘭分署」特地為我們準備的一株百年檜木，觀賞老匠人指揮割鋸的現場。現今法令已禁止採伐、利用這種巨大檜木，除非是漂流木或風倒樹（因颱風吹襲而倒伏），而因天災而倒伏者，它們也還是屬於政府財產[11]。

眼前，我們觀看的是一株九十多歲、因颱風倒伏的紅檜漂流木。我們抵達時，老樹根部已被切開，露出年輪，等著我們的到來。地上的木屑散發驚人香氣，我們捧著細屑，深深嗅聞著，我還童趣地抓了一把放在口袋，貪婪它的馨香滿身。

老匠人數著年輪，分析年輪偏歪的中心點，解釋一邊年輪間距比較大，另一邊卻窄多了，那是因為它長在斜坡，必須牢牢抓地，大樹成長時必須自我強化下坡那一側的重力。老匠人像是醫學院老教授，對著一群實習醫生解說病理。

眾人熟練地分工合作，將老紅檜固定在平台。首要任務是「第一刀」，老匠人小心謹慎

11 即使是颱風後海邊橫躺的漂流木，也不能恣意拿取、搬走，否則將違法（需等公告日期後，民眾才能自行取走）。

地找出「最佳可用的矩形面積」，這次的任務是準備將它分解切段成為桌子面板的材料。好奇的我們，在「專業、肅然有節」的操作工作場域，看到林業、職人的過去輝煌，那真是耐人尋味的傳統行業與專業「表演」。

「宜蘭分署」人員私下說明，今天的這些切割木材會製成桌子，未來配合影片展示在園區裡，當是教育宣傳之用。嗯，下次來訪，我就可以觸摸它的神采。

早晨的鳩之澤溫泉，山景與雲彩的空靈味

天未亮，離開小鎮，直接往太平山前進。太平山國家森林遊樂區，位於台灣東北部的宜蘭縣境內，橫跨大同鄉與南澳鄉，屬中央山脈的北端。

往太平山國家森林遊樂區，走台7甲線（中橫公路宜蘭支線）與台7線（北橫公路）。從羅東出發，車子過了「土場」（零公里起點是嘉源橋，海拔三百六十五公尺），眼前這一道公路稱為「宜專一線」（又名太平山公路、千層公路，全線約二十五公里），三公里後是售票站，不遠是「鳩之澤」。

「鳩之澤」是日治時期伐木時發現的溫泉區，舊名「燒水」，即地熱溫泉之意。當年日本伐木工人在此興建溫泉浴室，泡湯成為伐木生活難得的享樂，當它升等為「招待賓客之處」，便改稱「鳩澤溫泉」。一九六九年更名為「仁澤溫泉」，彰顯儒家思想；二〇〇六年，尊重歷史意識萌起，回復「鳩之澤」原名。

我們抵達鳩之澤，遊人未至，晨光還在。這裡是《浩克慢遊》第二天旅程的開始之處，我笑著說：「這麼好！今天的行程從泡湯開始？」當然沒有這麼好康，我們僅是走在「多望吊橋」上，望著山景、雲彩。看著遠處的溪谷冒出大量溫泉蒸氣，白煙騰騰。我們原有到熱泉溪谷以竹簍裝蛋放入煮蛋池的行程，取消了，導演說：「趕時間，這一部分跳過。」

腳本上特別標示此處為「禁航區」，我好奇為何不能空拍？如此山明水秀的峽谷怎有此禁令？答案是有裸湯，不宜！這裡的泉源，源自於兩千兩百公尺深處的地熱，泉溫約攝氏一百四十度（難怪溪谷有大量蒸氣噴出，在山色中騰騰瀰漫，好看極了）。泡湯區水溫，已經調至攝氏三十八至四十二度，宜人入浴的水溫。

克襄和我在吊橋上，淺談今天一路的行程，說到這裡是國寶蝶「台灣寬尾鳳蝶」的重要棲地。克襄是生態作家，他說早年一隻寬尾鳳蝶標本收購價八百元，所以它曾經一度被暱稱

為「八百元」。我開始注意到這裡許多公共設施，或隱或顯，甚至連吊橋鋼索上都有寬尾鳳蝶的鐵件裝飾與圖騰。真是「知道與看到」的大哉問，是先知道？先看到？我是凡人，果然「知道了才看到」，鳩之澤景地處處有寬尾鳳蝶的意象標誌。暗自想，下次自己來，一定要在藍天山風裡裸湯！順便找找「活的八百」。

見晴懷古步道，美麗友善平緩的九百公尺

從竹林車站到土場車站，森林鐵道的載客任務結束了，但是森林鐵道還是繼續往山上延伸，成了「載木」的專用線。然而當森林鐵道廢棄之後，「見晴懷古步道」的前身鐵道路徑，也就淹沒在柳杉森林深處，寂寥靜謐。

當鐵道旅遊與森林山道成了觀光主題，見晴這一段九百公尺，便成了令人驚豔的步道小品。這裡曾獲CNN譽為「全球二十八條最美小路」的封號，全程平路緩坡，視野甚佳，走起來非常輕鬆，約一小時就可以走完來回。但是，如果有導覽人員在旁講解，將因為生態內容豐富而「寸步難行」——這是我的冷笑話。因為，我們約了賴伯書「巡山員」（現稱之

「森林護管員」）上節目，這位會走路的生態百科全書，沿路如此讓我傾心，舉手投足，滿滿學問。

太平山長年雲霧瀰漫，如果下山，海拔漸行漸低，車行到此，雲霧會忽然遁跡潛形，陽光普照，因而得其名「見晴」。

你來，可能有霧，可能見晴。因為過去是運材鐵道，現今刻意保留山地運材鐵道特色，看得到被青苔覆蓋的森林鐵路遺跡，如懸空鐵橋、鐵軌、木馬、台車輪軸等歷史痕跡。兩旁原始檜木被伐的樹根依然清晰可見，光復後補植了滿山滿坡柳杉，壯闊山景，陽光穿過林間的光影依舊動人。步道近處則是山泉涓涓、鳥聲處處、碧綠苔蘚密密麻麻。眺望遠處，可見雪山山脈、聖稜線（台灣中部的雪山山脈山稜線，北從標高三千四百九十二公尺的大霸尖山，南至標高三千八百八十六公尺的雪山，高峻大山峰峰相連的天際線綿延）。我留下詩句：

一彎鐵道，兩旁柳杉
猜想，這裡的夜星樹月一定好看

我與清澈山溪聊著聊著
卻想起了女兒
說這個潺潺水聲送給妳

太平山的蹦蹦車，三公里的初體驗

土場海拔三百六十五公尺、鳩之澤海拔五百二十公尺；之後近二十公里山路（約四十分鐘車程）蜿蜒曲折，近二十個大彎；到了見晴，海拔已高達一千九百三十公尺；最後的二點五公里，緩緩上坡路即抵達「太平山莊」，海拔剛好滿兩千公尺。

下車的空地是昔日太平山尋常小學校的校址，小學校專為教育員工子弟，當年分成日本子弟就讀的「尋常高等小學校」，與台灣人就讀的「公學校」。光復後合併成「太平國民學校」，直到太平山伐木事業結束，居民遷走。開始落實保林、育林政策，學校建築全部拆除，隨即於一九八二年轉型為國家森林遊樂區，推廣國民旅遊，也創建一些渡假山莊……。

一九八五年，任澤山莊、太平山莊興建完成。
一九八六年，三疊瀑布步道整修完成，翠峰湖山莊也興建完成。

佇立在廣場，環視遠方深邃山谷，森林鬱鬱蔥蔥；回頭看遊客中心後方約三十五度的大片山坡地，坡地中間一道長長的「中央階梯」，頂端一望無際，我驚疑地問：「這好漢坡究竟有幾階？」「接近五百階！」想想，全盛時期當年此地宛如一座熱鬧森林山城，住有三千居民，人進人出，上階下階，喧囂熱鬧，除了學校，還有甚多商店、宿舍、澡堂等等。

上去吧！我在中央階梯，無暇欣賞兩側的紫葉槭。腦袋只想著昔日階梯長道上，居民上下自如……，而大叔年紀的我，正努力不露出氣喘吁吁的狼狽樣子，偷偷調息、勉強微笑，鏡頭正在拍攝著我們上坡。揮汗上階，我們要去看蹦蹦車的檢車庫，今天是星期一，剛好是車頭檢修、軌道檢點的例行工作日。

我問廠長為何稱之「蹦蹦車」？退休廠長接話：「我的前輩說，當列車下坡時，一踩剎車，速度突然變慢，後面長長的車廂便一個個往前撞過來，所以產生蹦、蹦、蹦、蹦的聲響。」蹦蹦車是當年居民的共同記憶，目前太平山刻意保留一條軌道載客，讓旅人可以體會

當年的情景。蹦蹦車吸引大量遊人上山，大受歡迎。

因為節目拍攝，太平山園區特別支援「公休星期一的浩克專車」拍攝。在月台，團隊人員各司其職，架設機器、確定採光、構圖鏡頭、導演與司機溝通走位……。我反而多了許多清閒時間，拿著手機觀看山景、月台、車廂、黑瓦，甚至是鐵軌旁一株美麗的青楓老樹，樹高枝繁，樹葉顏色仍停留在橘黃階段（四月底才開始換葉），陽光下金黃燦燦，隨風動人，與車站建築相映相掩。

拍攝蹦蹦車頭的鏡頭已固定好，攝影團隊就緒。我跟克襄被安排坐在最後一節車廂左側，這是拍照賞景最佳位置。敲鐘，發車，車行速度緩緩慢慢，山景移動，山霧飄渺，山花悅目。一個鐵道大弧度，在車尾可以輕易拍攝整列蹦蹦車與鐵橋、山景同時入框。在我一次新書發表會後，有讀者拿著手機播放搭乘蹦蹦車影片，那是前兩個月寒流下雪之際，蹦蹦車頂著雪花紛飛徐徐前進，在大弧度鐵橋與靄靄白雪同框的夢幻畫面。

克襄指著不遠的一株綻放花樹：「那是太平山櫻花！」初見面啊，台灣原生種的櫻花只有十四種，其中的台灣特有種「太平山櫻花」，生長於海拔一千八百至兩千公尺的太平山區，與一般常見的山櫻花相較，它的花期為晚，大約於三月下旬到四月中旬。我們的蹦蹦車

旅行，剛好撞進花季裡。

太平山目前營業中的蹦蹦車路線：太平山車站至茂興車站，全長三點三公里。過去太平山運材軌道共有十六線，總長度超過一百公里。其中「茂興線」是太平山山地軌道裡橋梁最多、最具運材軌道代表性的路段，長度約二十點九公里，於一九三七年開始運行、一九七九年停運。

四百九十六階的中央階梯，美麗是留給體力好的

整座太平山聚落，沿著「中央階梯」爬啊爬，最高處有二處景點：以前是日本神社，現在則為鎮安宮；其二是略低的太平山俱樂部。兩處高高在上，視野更為曠遠。

鎮安宮需要拾級而上，共四百九十六階，才能到達，此處座落海拔一千九百五十公尺處，是宜蘭縣最高廟宇，主祀鄭成功開台聖王。建築物前身是日本時期「伽羅山神社」，主祀天照大御神，入口處設置鳥居。一九八七年整修為現貌，已經列為歷史建築，理由其一，鎮安宮內檜木建築反映當地特色；其二，為太平山重要信仰中心，見證太平山林業開發史。

至於經典的「原太平山俱樂部」檜木日式兩層樓建築，創建於昭和十二年，一九三七年，作為俱樂部之用，招待貴賓。光復後改名為「第一招待所」，曾稱為「檜山莊」，一九八五年改名為「檜蔭館」……幾次易名，功能亦不同。二〇〇五年轉型為展覽館，名為「文史館」，僅展示太平山老照片，直到二〇一二年蘇拉颱風，地基滑動，建築物嚴重傾斜壞損，館務關閉。

如今舊建築重獲光彩，檜香迷人的模樣，則是二〇二〇年修繕而成的結果。三年修復工作，除了高山施工不易之外，還有檜木用材得來不易，原建築的材料保留了百分之七十，另外的新用材所使用的檜木，得自天災得有的漂流木、風倒樹。施工單位慢慢取得一片片、一柱柱的檜木建材，木匠再以原工法拼建而成。我閒走建築物內，一個轉彎，一個窗景，一個駐足，許多屋內場景都令人驚豔，從通透緣廊、木窗設計、隔間巧思等無不令人賞心悅目。彳亍期間，我最大的願望：「躺下來吧！深呼吸，讓山霧進入室內吧！」

建築大門入口左側前，一九三九年創建時間也栽下一株二十多歲的青楓，樹幹粗壯，如今它已百歲，高聳老樹依然枝繁葉茂，蒼勁卓卓，尤其在午後濃霧之間，抬頭仰望，樹梢消失在雲霧之間，更顯歲月寂寂。

三株樹苗，那是太平山木業百年的禮物

太平山之旅，我倆的拍攝部分完成了，準備前往羅東火車站各自返家。車窗還沒關上，林業文化園區的員工提著一袋樹苗，贈我帶回家栽下。這是羅東林業百年慶祝活動，在植樹節那天贈送給民眾後剩的。我欣然收下他們的心意，一株是風箱樹，另外兩株是台灣特有種的三角楓與烏來杜鵑。

三角楓：台灣特有種，樹高可達十公尺，主枝直立，枝條近乎光滑，黃白色花朵，翅果長約三公分，水平展開，熟時黃綠色。明顯特徵是掌狀三淺裂葉，又名「台灣伯槭」。

風箱樹：樹高可達五公尺，因為葉子像番石榴，又名水芭樂。圓球狀白花、無柄、頭狀花序像是圓仔花，所以又名「珠花樹」，每年端午節前後，開滿整樹白色的花。

烏來杜鵑：常綠灌木，原產北勢溪沿岸石壁上，又名「台北杜鵑」、「柳葉杜鵑」。樹高可達三公尺，枝葉較鬆散。三、四月是花季，花色粉紫，上裂片有紫色斑點。

次日清晨，我將它們種在都蘭山腳的院子。樹苗勃勃，綠葉硬挺，太平山之旅後，我多了青翠餘韻，開始期待小樹苗的未來與春花。

在橫越三坑溪的橋上，這裡是鐵道迷「火車天上飛」的場景。眼前高高橋墩，當火車從平溪車站開出，會緩緩「飛越」兩邊屋頂之間。

矮牆陽光稀少處有苔蘚簇簇，亮綠靜影。這裡眞好，適合偸閒躲靜，以前礦業蓬勃、人聲鼎沸，而今靜得只剩下風聲。

橋下有老綠的基隆河水，高低落差的水流，嘩啦嘩啦沛然水聲，形成眼鏡洞瀑布，河谷現出壺穴地形，兩岸老樹與碧綠水面相掩相映。

「獨眼小僧」是運煤木車廂的火車頭，最大的特色是駕駛座前方有一個大大的圓孔，像是獨眼，因而得此綽號。

小屋建築的右側山壁，即是已廢棄封閉的三貂煤礦坑口，深邃坑口與文青早餐店，反差很大，但是太有意思了。

這根本就是「祕境野店」，太迷人的小小磚造建築，店主人也是主廚，是一位移居在此、騎著野狼一二五的女生。

一株高大的老青楓，樹相俊秀，樹幅寬敞，翠綠掩空，樹幹布滿附生的抹茶綠藤苔，天光穿過樹梢映在枝幹，斑光透著亮綠，山居靜美無須多言。

猴硐是台灣礦業遺跡保存最完整的地方，因爲地方蕭條，尚未被開發，瑞三本礦的坑口、整煤場、工人更衣室、工寮等等保留完整，深山裡甚至還可以看到遺留的機械……。

和風細雨，天光矇矇，遠處的雲山仍在甦醒中，月台上幾隻貓咪安靜補眠，店家屋簷下的鳥巢有燕子來回，忙碌疾飛的滑線，彼此交錯，此刻十分寮燕子啁啾，你會以爲這裡是被巫婆魔法凍結時光的山村。

葉茂脆甜多汁的大白菜與其他蔬菜，遼闊壯觀，菜園一路延綿到山林交接處，看得心往神馳。

貪黑起早，晨霧尚未起床，山路忽隱忽現，車子在群山溪谷之間一路向上，巨木屢屢秀立林間，蒼莽樹蔭顯得蔥蘢蓊鬱，雲霧濛濛。

登山口地方，空曠，森然綠樹在遠處。寬敞藍天裡唯一的白雲，像是天使的翅膀，這是好兆頭，我們謹慎小心慢行，也虔誠地前進。

左右兩列山巒橫錯交疊，中間留有寬闊蘭陽溪山谷與沖刷平原，有層層緩緩的人家與梯田。兩端延伸的厚實山色各自有老綠、青綠複繁層次，我第一次見識如此深邃層層的曠闊山巒，晨風輕拂，有了仙人的視野，令人直欲乘風歸去。

我的賞梅計畫是「先遠觀，後入林」，道路的一側是平坦低地，也植有不少梅樹，中間雜有李樹、桃樹、櫻樹、杏樹，花瓣相錯相掩，淡粉、粉紅、桃紅、雪白花色參差，這裡成了辨識這五種花樹的教室。

坡陡、石亂、梅樹斜枝橫逸、樹影斑駁。「歲月靜美」竟成了賞心悅目之餘，詞窮後的感動總結。

林間樹下花農的儲水桶，半漂半浮的點點梅花瓣，掩著枝綠，映著天藍，襯著雲白。這幀圓形構圖的鏡花水梅照片，成了這次如同虛幻旅行的美好註腳。

俯瞰深谷，山澗溪水湲湲泠泠，如白玉般的存在。山谷溪水彎彎繞繞，泱泱淵淵，百看不厭。大甲溪的山水太令人驚豔了，心中不斷叫好。

沿著大甲溪邊公路緩緩上山，公路峰迴路轉，回頭看著來時路遠處，只見微細的道路嵌附在千仞絕壁上，中橫公路宛若絲帶，細細一縷攀附山腰。

眺遠眼前延綿的山谷與相互錯疊的山巒，山雲都睡得沉，低低地趴在山腰谷底。看似靜止停滯，才一小陣子，發現大家都挪了身，神態都變了，出岬的白雲騰騰如霧起時。

「拉拉山自然保護區」不能恣意開墾農地，現有的茶園、水蜜桃園等都是一九八六年前存在的，多屬泰雅族祖傳的耕種地。

拉拉山水蜜桃產區約是海拔一千五百公尺，產季六月初到七月底，果粒大（男生拳頭大小），飽滿、色澤紅潤，口感軟嫩而細緻甜美。

碰觸水蜜桃外皮的纖細絨毛，心思突然溫柔起來，輕手輕腳，呵護之情立刻啟動；檢查外觀、分大小包裝入箱，每顆水蜜桃像嬰兒般被柔軟海綿包裹著。這實在是美妙的工作。

雲居在此的樹靈，安頓了千年
我虔誠而來，仰望你們
如果，學習仙人鳥瞰群山峰巒
白雲則是滿池的小浪

簇擁在你們腰間
我說啊，巨木森林是拉拉山的脊
還有魂，和我的夢

羅娜部落的圍牆，有許多裝飾著濃濃布農族文化的圖騰，牆後的高樹森然如屏。

羅娜部落的十字路上有老梅行道樹一長排，依舊怒放一樹白，株株盛開中。歡喜心賞梅，令人寒意忘卻。

千頃濃霧，如乳白的層層薄紗籠罩了山林。只見朦朧高大的櫻樹許多，隱現如魅，樹林如夢，山徑如幻，直以爲這裡根本就是以雲灌溉的祕境。

山櫻花是台灣原生種，也稱「緋寒櫻」，樹幹通直，樹皮茶褐色，有光澤，老莖常呈片狀剝落，小枝條光滑；花色緋紅濃豔，花朵下垂。

高大的花樹，樹梢上叢生或繖形花序狀，也現出緋紅花瓣，顏色飽和。遠處山脊，流雲仍在，但是嫣紅山景與櫻樹山徑，已經誘惑我的觀望與沉迷。

「竹林車站」是羅東森林鐵道的起點，所處地點是見證台灣百年林業興衰的「羅東林場」，以檜木仿古重建，黑瓦建築細節盡量維持原汁原味，是園區的明星建築。

森林鐵道起自竹林車站，後方的茄苳密林多年競高以爭取陽光，如今顯得樹高蒼勁、枝葉濃密，樹影與斑光，搭配地面上交錯的鐵軌，在斜斜晨光中引人入勝。

往日黑瓦建築，空間顯得寧靜，理解當年林業員工家居生活的樣態，步調優雅自適，怡然另成一方靜謐世界。

走入「新建峰木材廠」寬敞的老舊廠房，第一眼就高聲：「哇！」廠房屋頂的巨木全是老檜木，桁架結構氣勢宏偉，充滿歲月的曖曖光彩。

來自大山的巨木
擠睡在一方水池等待伯樂
將它們製成
書桌、酒櫃或是樂器
如果是吉他，那一定是最美麗的低音

「農禾製材廠」專業、肅然有節的工作場域，看到林業、職人的過去輝煌，那眞是耐人尋味的傳統行業與專業「表演」。

「見晴懷古步道」的前身鐵道路徑，淹沒在柳杉森林深處，寂寥靜謐。這裡曾獲CNN譽爲「全球二十八條最美小路」。

兩旁原始檜木被伐的樹根依然清晰可見，滿山滿坡柳杉，壯闊山景，陽光穿過林間的光影依舊動人。

蹦蹦車是當年居民的共同記憶，太平山刻意保留一條軌道載客，讓旅人體會當年情景。車行速度緩緩慢慢，山景移動，山霧飄渺，山花悅目。